ACCESO GRATIS *a la Lectura en la Nube*

Para visualizar el libro electrónico en la nube de lectura envíe junto a su nombre y apellidos una fotografía del código de barras situado en la contraportada del libro y otra del ticket de compra a la dirección:

ebooktirant@tirant.com

En un máximo de 72 horas laborales le enviaremos el código de acceso con sus instrucciones.

LAS ANTINOMIAS PROCESALES Y SU INTERPRETACIÓN CONSTITUCIONAL

LAS ANTINOMIAS PROCESALES Y SU INTERPRETACIÓN CONSTITUCIONAL

MARTÍN EDUARDO PÉREZ CÁZARES

tirant lo blanch

Ciudad de México, 2025

En caso de erratas y actualizaciones, la Editorial Tirant lo Blanch México publicará la pertinente corrección en la página web www.tirant.com/mex/

Este libro será publicado y distribuido internacionalmente en todos los países donde la Editorial Tirant lo Blanch esté presente.

EDITA: TIRANT LO BLANCH MÉXICO
Av. Tamaulipas 150, Oficina 502
Hipódromo, Cuauhtémoc, 06100, Ciudad de México
Telf: +52 1 55 65502317
infomex@tirant.com
www.tirant.com/mex/
www.tirant.es
ISBN: 978-84-1095-146-4
MAQUETA: Tink Factoría de Color

Si tiene alguna queja o sugerencia, envíenos un mail a: atencioncliente@tirant.com. En caso de no ser atendida su sugerencia, por favor, lea en *www.tirant.net/index.php/empresa/politicas-de-empresa* nuestro Procedimiento de quejas.

Responsabilidad Social Corporativa: http://www.tirant.net/Docs/RSCTirant.pdf

Índice

Introducción

MARTÍN EDUARDO PÉREZ CÁZARES[1]

En la teoría procesal, poco se ha desarrollado sobre el estudio de las antinomias, encontrar la contradicción normativa entre un mundo de leyes, códigos y reglamentos no es tarea fácil, sobre todo en un sistema jurídico tan complejo.

Curiosamente en materia procesal es donde se encuentra las antinomias, especialmente al momento de tomar la decisión final del caso a juzgar, puesto que el juzgador, en ese instante tendrá que aplicar la norma correcta en su fallo, y es ahí precisamente que, al analizar los derechos en disputa, encuentra diversas contradicciones normativas y colisiones constitucionales.

En el presente, se sostiene la tesis de que se necesita homologar un sistema de solución de antinomias en el poder judicial, para evitar diversas interpretaciones, que inclusive ocasionan consideraciones encontradas y que, en su caso, pueda disolver cualquier duda que perjudique al justiciable.

En este libro se aspira a tener un rigor científico con un lenguaje entendible, sin presencia de ambigüedades o vaguedades, dada la complejidad del tema a tratar, por lo que buscamos la mejor manera de identificar el asunto sobre las antinomias, puesto que, en infinidad de ocasiones causa confusión, no solo en el aplicador del derecho, sino entre los abogados postulantes.

Podríamos decir que es un problema del positivismo jurídico por la gran existencia de normas confusas, que al momento de ser aplicadas chocan frecuentemente entre sí, por lo que es necesario no

---

1 Abogado; Maestro en Derecho Privado; Doctor en Ciencias Políticas; Doctor en Ciencias Políticas y Sociales; Doctor en Derecho; Profesor Investigador Titular C Universidad de Guadalajara.

solo encontrarlas, sino que es urgente buscar su solución, partiendo del conflicto normativo para desglosar el contenido del derecho que no enfrente con otro, pues las normas procesales son el conducto para decidir los derechos, cuyas contradicciones son frecuentes.

En base a ello, buscamos en los principios procesales una manera de encontrar el remedio, para evitar una confusión, y tomar una directriz que nos pueda llevar a resolver la antinomia, inclusive basándonos en principios filosóficos que en el presente se aborda.

Así, vemos que existen ciertas antinomias en cuerpos de leyes que no están visibles a primera vista, pues es necesario inclusive leer todo un cuerpo de leyes para hallar la contradicción, como en la materia de títulos y operaciones de crédito en donde hemos encontrado una gran discordancia procesal que en este libro se plantea.

Todo esto nos lleva a las colisiones constitucionales, un tema existente aunque no se quiera reconocer, por ser la norma fundamental y superior, por lo que en el presente abordamos la interpretación de la norma constitucional, pues es tal su envergadura que los derechos más preciados del ser humano y de una comunidad ahí se encuentran plasmados, y una interpretación vaga o carente de sentido puede llevar a la confusión, como a la negación de un derecho constitucional o humano, lo que nos lleva a buscar formas de interpretación de la Constitución, partiendo de su individualidad, para ello nos enfocamos en la hermenéutica jurídica como una herramienta en el análisis de la norma fundamental como de la norma secundaria, que nos sirva de instrumento para su solución, buscando un sistema jurídico de interpretación homogéneo, con mecanismos que nos lleve a resolver el problema antinómico existente en nuestro régimen jurídico.

Si bien, existe un origen involuntario de las antinomias, consideramos necesario el uso adecuado de nuestro lenguaje jurídico para evitarlas, partiendo desde la creación de la norma, puesto que nos lleva a metonimias frecuentemente utilizadas, que nos producen aún más confusiones, generando interpretaciones erróneas.

Capítulo Primero

Concepto de antinomia

Para adentrarnos al estudio, es necesario establecer el concepto de antinomia jurídica para poder dilucidar y debatir la interpretación que debe de hacerse conforme a los derechos humanos, y a criterios de la Suprema Corte de Justicia de la Nación como de la doctrina, no solo para identificar las antinomias, sino que, para poder resolver el conflicto normativo encontrado y saber cuál norma es la correcta o cual aplicar al caso en estudio.

Si bien, siempre he dicho que los conceptos tienen un espacio de tiempo, pues cambian con el transcurrir de los movimientos sociales y sus costumbres, y lo que en una ocasión o en cierto año se determinó que era interpretado o conceptualizado de cierto modo y posteriormente de otro, al ser nuestra ciencia jurídica una ciencia inexacta y de conceptos, lo cual es normal, la excepción a esto es el concepto de antinomia, puesto que trasciende al tiempo y las costumbres sociales, ya que los conflictos normativos o choque de normas siempre van a existir cambien o no las costumbres sociales.

Dentro de las páginas de este libro en muchos apartados encontraremos diversos conceptos de antinomia, en lo que respecta a esta sección, se hace para adentrarnos en el tema a tratar.

El lenguaje jurídico tiende a ser un lenguaje flexible, cambiante, parcialmente técnico, que pueda continuamente interpretarse de modo que recoja los cambios producidos en la realidad que disciplina[2].

---

2 Buenaga Ceballos Óscar. Metodología del razonamiento jurídico-práctico. Elementos para una teoría objetiva de la argumentación jurídica. Editorial Dykinson. Madrid España 2016, p. 139.

Precisar la noción de contradicción normativa, presupone internarse en un problema que ha generado muchas controversias entre quienes se ocupan del análisis del discurso prescriptivo[3].

Cuando una norma no puede ser aplicada en ninguna circunstancia sin entrar en conflicto con la otra[4]se llama antinomia jurídica.

La antinomia es la situación en que dos normas pertenecientes a un mismo sistema jurídico, que concurren en el ámbito temporal, espacial, personal y material de validez, atribuyen consecuencias jurídicas incompatibles entre sí a cierto supuesto fáctico, y esto impide su aplicación simultánea[5].

Puede suceder que dos normas establezcan para un mismo supuesto de hecho (una circunstancia o una combinación de circunstancias) singular y concreto consecuencias jurídicas incompatibles entre sí[6]. Dándose la antinomia.

Se conoce como antinomia a la contradicción, oposición real u aparente entre dos leyes, principios, ideas, palabras, fenómenos, entre otros. La palabra antinomia es de origen griego *"antinomia"*, formada por el prefijo *"anti-"* que significa *"contra"*,*"nomos"* que expresa *"leyes"*, y el sufijo *"-ia"*que significa *"cualidad"*. [7]

La antinomia jurídica o legal, se observa por la contradicción de dos leyes, y esto se da cuando dos normas jurídicas imputan un mismo supuesto jurídico, logrando un mismo ámbito de aplicabilidad, y representando un problema de eficacia y de seguridad jurídica en el ordenamiento jurídico de ese país[8].

---

3 Rodríguez Jorge Luis. Teoría analítica del derecho. Editorial Marcial Pons. Madrid España 2021, p. 395.

4 Ibídem, p. 398

5 https://sjf.scjn.gob.mx/SJFSist/Documentos/Tesis/165/165344.pdf Consulta 3/06/2019.

6 Guastini Ricardo. La sintaxis del derecho. Editorial Marcial Pons. Madrid España 2016, p.p. 253.

7 https://www.significados.com/antinomia/ Consulta 3/06/2019.

8 https://www.significados.com/antinomia/ Consulta 3/06/2019.

Se dice que nos encontramos ante una antinomia siempre que a un mismo supuesto de hecho le sean aplicables dos o más normas que establezcan consecuencias jurídicas distintas e incompatibles para ese mismo caso[9].

Una antinomia es un conflicto entre dos enunciados jurídicos que traen consecuencias jurídicas diversas y que se contraponen entre sí[10].

El orden jurídico es descrito en enunciados jurídicos que no se contradicen. Naturalmente no pude negarse la posibilidad de que los órganos jurídicos de hecho implanten normas que se encuentren en conflicto entre sí, es decir, que efectúen actos cuyo sentido subjetivo sea un deber, y que cuando ello quiera ser interpretado también como su sentido objetivo, cuando esos actos sean vistos como normas, las normas se encuentren recíprocamente en conflicto. Semejante conflicto normativo aparece cuando una norma determina una conducta como debida, y otra norma obliga a una conducta incompatible con la primera[11].

En un sistema jurídico existe una antinomia siempre que un determinado comportamiento esté deónticamente calificado de dos modos incompatibles en dos diversas normas pertenecientes al sistema. Existe una antinomia, siempre que para un determinado supuesto de hecho estén previstas dos consecuencias jurídicas incompatibles por dos normas diversas pertenecientes al sistema[12].

---

9 Martínez Zorrilla David. Conflictos normativos. Instituto de Investigación Jurídicas, p. 1309 en https://archivos.juridicas.unam.mx/www/bjv/libros/8/3796/16.pdf. Consulta 3/06/2019.

10 Hernández Marín Rafael. Teoría General de las decisiones Judiciales. Editorial Marcial Pons. Madrid España 2021, p. 250, 251.

11 Hans Kelsen. Teoría Pura del Derecho. Editorial Porrúa, 12ª Edición, México, 2002, p. 214.

12 Guastini Ricardo. Estudio Sobre la Interpretación Jurídica. Editorial Porrúa, 4ª Edición. México 2002, p. 71.

Es el conflicto normativo que se presenta cuando dos o más normas son formal o materialmente incompatibles[13].

Se dice que nos encontramos ante una antinomia siempre que a un mismo supuesto de hecho le sean aplicables dos o más normas que establezcan consecuencias jurídicas distintas e incompatibles para este mismo caso[14].

Es así qué podemos decir que la antinomia jurídica es una contradicción normativa de una conducta o de un supuesto jurídico de dos o más artículos de un mismo cuerpo normativo o de dos o más leyes, que no están en armonía una con otra, sino por el contrario adoptan posturas distintas[15].

En otras palabras, es el problema que surge al momento en que se aplica un artículo que se contrapone con otro del mismo cuerpo de leyes, de diversas leyes o del sistema jurídico, dilema que comúnmente se presenta para los jueces, quienes tienen que aplicar la ley, pero que encuentran una antinomia al aplicarla, sin embargo, en un momento puede violar derechos humanos, pues una de las normas tiene que elegir para regir la situación del caso.

Conforme a lo anterior, una norma será válida y la otra tenderá a ser inaplicable al contraponerse una con otra.

Como lo señala Eduardo García Máynez, "el ser humano no puede en un mismo tiempo atribuir validez a dos normas contradictorias"[16].

---

13 Huerta Ochoa Carla. Conflictos normativos. Instituto de Investigaciones Jurídicas Unam. México 2007, p. 263.

14 Martínez Zorrilla David. Conflictos normativos. Instituto de Investigación Jurídicas, p. 1310, visto en https://archivos.juridicas.unam.mx/www/bjv/libros/8/3796/16.pdf. Consulta 12/06/2019.

15 Ejemplo cuando una norma determina que el robo debe ser castigado con pena de muerte y existe otra que dispone que debe serlo con prisión, existiendo por tanto una contradicción que viene a ser una antinomia jurídica.

16 García Máynez Eduardo. Introducción a la Lógica Jurídica. Editorial Colofón. México 2017, p. 23, 24.

Asignar efectos obligatorios a preceptos jurídicos incompatibles da origen a las antinomias[17].

La duda es, ¿si pueden existir antinomias en el ámbito procesal? y, ¿hasta dónde puede afectar al derecho adjetivo?

CÓMO ENCONTRAR LAS ANTINOMIAS Y SU SOLUCIÓN

Para llegar a una antinomia, es necesario acudir no solo a la interpretación jurídica, sino al método analítico y exegético, pues ahí es donde se encontrará el enunciado de la norma y podremos determinar si existe o no la contradicción entre dos preceptos.

En cuanto al primero, debemos de desmembrar el enunciado contenido en la norma para observar las causas y los efectos que pudieran tener, esto es, que es lo que se pretende con el precepto y si de su análisis se contradice o no con otra u otras.

En el segundo, tenemos que hacer una interpretación buscando el significado del enunciado contenido en la norma, o como menciona Rafael Sánchez Vázquez, buscar la intención del legislador sobre el alcance literal de la disposición jurídica a estudio, dándole toda la extensión posible, utilizando un proceso deductivo[18].

No podemos negar que la contradicción de enunciados normativos es un fenómeno que se presenta en el momento que se aplica el derecho de manera particular, esto es, cuando la norma general se particulariza a un caso concreto.

En el discurso jurídico, las expresiones oposición normativa, conflicto normativo e incompatibilidad normativa, generalmente son utilizadas para aludir a las antinomias.

---

17 Ibídem, p. 106.

18 Sánchez Vázquez Rafael. Algunas consideraciones sobre el método exegético jurídico en https://archivos.juridicas.unam.mx/www/bjv/libros/5/2102/13.pdf, p. 277. Consulta 10/'7/2024.

Como primer paso, será necesario la identificación de conflictos entre enunciados normativos que expresen una obligación, prohibición o permisión[19], que estén en un mismo cuerpo normativo, o en diverso, pero que sea aplicable al mismo caso.

Para Norberto Bobbio se debe desarrollar dos aspectos fundamentales en el estudio de las antinomias: a) fijar los criterios para identificar las antinomias en el discurso normativo, y b) establecer los criterios para resolverlas una vez que han sido identificadas[20].

Mantilla Molina, considera que el mismo legislador que crea los tribunales debe dictar las normas que ha de sujetarse la tramitación ante ellos pues un tribunal no siempre podrá aplicar normas procesales que no tomen en consideración su peculiar estructura[21].

Pero, resulta común que el legislador se equivoque, no solo en la redacción de la norma, sino en los enunciados del cuerpo de leyes que va a dictaminar, correspondiendo al doctrinista o el juzgador resolver las discordancias existentes entre dos normas de un mismo cuerpo de leyes o de distintas, no al legislador como lo señala Mantilla Molina. Partiendo siempre del principio que la norma sea oscura o encuentren contradicción.

Lo que reviste importancia en el derecho procesal, pues es ahí en la que frecuentemente se violan derechos humanos.

> Hay que insistir en que una antinomia es un conflicto entre normas y no entre disposiciones normativas. Con esto quiere decirse, en primer lugar, que una antinomia puede (en muchos casos) ser evitada, prevenida por medio de la interpretación; en segundo lugar, que una antinomia puede ser creada por la interpretación; en tercer lugar, que una anti-

---

19 Agüero-San Juan Sebastián. Las antinomias y sus condiciones de surgimiento. Una propuesta para los enunciados normativos. En Revista de Derecho (Valdivia). Universidad Austral de Chile, vol. XXVIII N° 2 dic. 2015, p. 32

20 Bobbio Norberto. Studi per una teoría general del derecho, Italia, Editorial Giappichelli. Italia 2020, p. 95.

21 Mantilla Molina Roberto. Derecho Mercantil. Editorial Porrúa México 1982. p. 41

nomia puede solo presentarse con una interpretación ya realizada; en cuarto lugar, que, en consecuencia, una antinomia abre no un problema interpretativo (y que, por tanto, no puede ser resuelta por medio de la interpretación), sino un problema de otra naturaleza. Para resolver una antinomia hay que eliminar una de las dos normas en conflicto (o, quizás, ambas)[22].

Podemos decir que la antinomia se da cuando dos normas se encuentran en conflicto, y debe una de ellas subsistir, aplicarse o dejar de aplicarse, aunque este conflicto lo tiene en la mayoría de los casos los jueces al tener que decidirse sobre una norma adjetiva que se contrapone y aplicarla al caso concreto, las cuales en muchas ocasiones corresponde a la vía procesal elegida, a la personalidad de los litigantes, a los requisitos de forma en una demanda entre otras, pero con la salvedad de que no debe de violarse derechos humanos.

Debemos entonces realizar procedimientos y técnicas interpretativas idóneas para resolverlas. Tradicionalmente entre los métodos de solución de las antinomias, suelen aplicarse las siguientes: a) el criterio de especialidad, (*lex specialis derogat legi generali*); b) el criterio cronológico (*lex posterior derogat legi priori*), y c) el criterio jerárquico (*lex superior derogat legi inferiori*)[23].

Si se trata de normas generales pronunciadas por un mismo órgano en tiempos diferentes, la validez de la norma posteriormente promulgada suprime la validez de la norma anterior que la contradice, según el principio *lex posterior derogat priori*[24].

Podemos establecer nuevos criterios de localización y solución de las antinomias, un criterio procesalista en el que domine y/o aplique la norma que más favorezca al justiciable durante el pro-

22 Guastini Ricardo. Estudio Sobre la Interpretación Jurídica, México, Editorial Porrúa. 4ª Edición. México 2002, p. 71, 72.

23 Ídem.

24 Hans Kelsen. Teoría Pura del Derecho. Editorial Porrúa. 12ª Edición. México 2002, p. 215.

cedimiento, favoreciendo el principio *in dubo pro actione*, en el que prevalezca el derecho de acción y la tutela judicial efectiva.

Esto implica tener una interpretación adecuada de la norma que se adapte al principio ya señalado y excluir la norma opuesta a este principio, esto es, debe de tomarse en cuenta el resultado y contenido material y el fin perseguido en el procedimiento. Buscar el supuesto de hecho que materialice la tutela de los derechos, para así resolver la antinomia encontrada.

En otras palabras, debemos de establecer un nuevo paradigma de reparación de las antinomias que encontremos, dando respuesta a la aplicación de la ley, buscando el pensamiento que el legislador plasmo en la norma al momento en que fue creada, y su interpretación en beneficio del ser humano, esto es, otorgar una interpretación qué de acceso a la tutela judicial, a la pretensión del actor, no una interpretación que obstaculice el acceso a la justicia.

Las reglas del derecho no están solo en los códigos, sino en la interpretación que se hace al aplicarlas, operan y surgen a la vida al momento de que son utilizadas para resolver un caso. Se debe observar al aplicar una norma procesal que ordenes vivas quieren decir, que es lo que transmiten en su sentido.

Al interpretar una norma procesal no se debe de ver solo las palabras que la conforman (esto sería una interpretación gramatical), sino el valor que encierra y el objeto que persigue para lo que fue creada.

Una manera de identificar posibles inconsistencias normativas es considerar las circunstancias en que son aplicadas[25]. Esto es, ver cada caso concreto en que se va a aplicar, pues recordemos que el derecho es genérico, pero se particulariza cuando se aplica a cada caso en particular.

---

[25] Agüero-San Juan Sebastián. Las antinomias y sus condiciones de surgimiento. Una propuesta para los enunciados normativos. En Revista de Derecho (Valdivia). Universidad Austral de Chile, vol. XXVIII N° 2 dic. 2015, p. 42

Cuando se consideran juntos dos o más objetos, se advierte que hay entre ellos semejanzas y diferencias. La comparación de los objetos pone al descubierto sus cualidades que ayuda a captar las diferencias entre el objeto y el concepto[26].

Puede añadirse, que la comparación opera sin límites en el sentido de que confronta no sólo el dato del objeto sino también el resultado[27].

> Debe tenerse en cuenta las circunstancias de tiempo y lugar en las cuales las normas exigen o permiten realizar o abstenerse de realizar ciertos actos. Solo habrá contradicción entre dos normas cuando exista coincidencia total o parcial en la ocasión, como se daría en el caso de que ambas exigieran la realización y la abstención de una misma conducta al mismo tiempo y en el mismo lugar[28].

En el caso anterior, estaríamos hablando de normas temporales y de normas circunstanciales, las primeras aplicables solo en un espacio de tiempo, transcurrido este, dejan de existir y por lo tanto dejan de ser aplicables; las segundas surgen por un evento en particular y solo sirven para cubrirlo.

Antes de decidir que norma aplicar ante una antinomia, es necesario el cotejo de diversos componentes y ordenamientos jurídicos que se oponen entre sí, para decidir cuál es el más favorable o el que más favorece a la persona humana y al derecho de acción, para así aplicarlo.

La comparación entre normas ante el fenómeno jurídico de la antinomia resulta útil, pues la confrontación entre institutos idénticos en ordenamientos diversos, como del mismo ordenamiento jurídico nos da la pauta a decidir que norma aplicar, por eso resulta necesaria una comparación interna y externa de ordenamientos jurídicos diversos.

---

26 Carnelutti Franceso. Metodología del derecho. Editorial Colofón. México 2008, p. 59.

27 Ibídem, p. 60.

28 Rodríguez Jorge Luis. Teoría analítica del derecho. Editorial Marcial Pons. Madrid España 2021, p. 397.

Por ello debemos de buscar la función de la norma y encontrar un nuevo modelo que sirva para resolver de la mejor manera las antinomias que dé como resultado la mejor aplicación de esta para el desarrollo del procedimiento.

> Cuando existe una prescripción legal positiva, ésta debe ser obedecida por el juez; el juez debe observar de modo estricto la letra de la ley y el uso del lenguaje de la vida cotidiana, y en ningún momento puede decidir lo que no está regulado de manera indubitable por la ley[29].

Hacer lo contrario caería en el decisionismo judicial, cuya función de juzgar sucumbiría en el exceso, extralimitando facultades que tienden a la violación de derechos humanos y al principio de legalidad.

El problema de las antinomias es que no benefician a la impartición de justicia[30], pues confunden tanto a las partes contendientes como al juzgador.

Se convierten en un problema para este al tener que escoger una norma incompatible para justificar su decisión[31].

Por eso es necesario que los jueces cuenten con elementos que los provean de soluciones para resolver los conflictos normativos que se les presenten, utilizando criterios y metacriterios, pues solo utilizan criterios preconstituidos, sin utilizar metodologías que les permitan establecer cuál de entre dos normas incompatibles debe prevalecer sobre otra y de qué manera o con que efectos[32].

---

29 Schmitt Carl. Posiciones ante el derecho. Editorial Tecnos. Madrid España 2012, p. 19.

30 Lastra Lastra José Manuel. Derecho a la lengua y lenguaje jurídico. En https://archivos.juridicas.unam.mx/www/bjv/libros/2/740/5.pdf, p. 8. Consulta 11/05/2024.

31 Ídem.

32 Henríquez Viñas Miriam Lorena. Los jueces y la resolución de antinomias desde la perspectiva de las fuentes de derecho constitucional chileno. En Revista Estudios Constitucionales. Centro de estudios constitucionales de Chile, vol. 11 núm. 1 2013. Santiago de Chile, p. 460, 463.

Lo que nos lleva a establecer que es necesario no solo formas o métodos para encontrar las antinomias, sino también para su solución y un sistema en particular que sea aceptado eficaz y eficiente, pues si bien ya hay ciertos criterios para su solución, no ha servido para resolver todos los casos posibles, y hasta hoy no hay una regla específica para encontrar las antinomias.

Pues hay conflictos de primer grado como de segundo grado, estos últimos que ya no se producen entre normas sino entre los criterios de solución de antinomias[33].

¿Como solucionar la antinomia entonces, si el juzgador no tiene una referencia para su solución?, será necesario dársela, pareciera difícil, sobre todos en nuestro sistema jurídico por el cumulo de disposiciones legales o cuerpo de leyes, lo que implica que hay que acotar el número de leyes a aplicar, partiendo del caso concreto a juzgar, así, será necesario que normas se van a aplicar para resolver, y ver si entre esas no existe una antinomia que contradiga a lo que se pretende dictar en sentencia.

EL CONFLICTO NORMATIVO

Para conocer el objeto de estudio, es necesario su análisis, desglosar su contenido, conocer sus alcances y explicarlo, y el conflicto normativo ha trascendido en la justicia, pues se convierte hasta cierto punto en una estimativa Jurídica.

La perspectiva conflictiva, plantea los problemas jurídicos como conflictos normativos que se produce cuando un mismo caso es subsumible en el supuesto de hecho de dos normas distintas, cada una de las cuales prevé consecuencias jurídicas distintas e incompatibles entre sí[34].

---

33 Ibídem, p. 471, 472.

34 Cabra Apalategui José Manuel. Sobre supuestos conflictos de derechos en Argumentación Jurídica y conflictos de Derechos. Directores José Antonio Gar-

Con la expresión "conflicto de normas", los juristas designan la incompatibilidad de dos o más normas del mismo sistema. De tales normas se dice, erróneamente, que "están en contradicción"[35].

El conflicto de normas puede ser entendido en términos de imposibilidad de observancia (o aplicación) simultanea de dos normas. Sin embargo, el conflicto no solo surge como contradicción entre normas que prohíben (u obligan) y las que permiten y tienen el mismo ámbito de validez. El conflicto se presenta ahí donde dos (o más normas) permitiendo, ordenando, o prohibiendo la misma o diferente conducta a uno o más sujetos, no puedan ser simultáneamente observadas o aplicadas, pues se observa una, pero se excluye a la otra[36].

La anterior descripción del conflicto normativo nos lleva a la pregunta lógica sí; ¿es posible que las normas en conflicto coexistan como normas validas dentro del sistema[37]jurídico?, pues resulta inconcebible que aun cuando son contradictorias permanezcan dentro del derecho positivo vigente y que ocasione un severo problema al momento de aplicarlas, sobre todo cuando se resuelve un caso concreto.

Esto es, si dos normas se contradicen entre sí, se hacen recíprocamente ineficaces, creando como consecuencia el conflicto normativo.

Tradicionalmente los conflictos entre normas son discutidos bajo el epígrafe de la interpretación, casi como si su solución fuese un problema interpretativo, pero al momento que admiten más de una interpretación, al poder ser diversa una de otra la misma disposición, se convierte en una norma diferente[38], aun siendo la misma.

---

cía Amado y José Antonio Sedín Mateos. Editorial Tirant Lo Blanch Valencia España 2021, pp. 231, 232.

35 Tamayo Y Salmoran Rolando en Enciclopedia Jurídica latinoamericana. T. III. Editorial Porrúa. México 2006, p. 83.

36 Ídem.

37 Ídem.

38 Guastini Ricardo. La sintaxis del derecho. Editorial Marcial Pons. Madrid 2016, p. 256.

"Conflicto normativo refiere a una situación en la que no es posible la aplicación conjunta de dos normas, pues de hacerlo, cualquier resultado normativo sería imposible"[39], detentando como consecuencia una sentencia o un acuerdo no solo incongruente, sino violatorio de toda legalidad. Teniendo por tanto que derogar aquella norma contradictoria, puesto que ocasionara confusión al aplicarla, trasladándonos a la raíz y al origen de la norma para determinar qué es lo que se pretendía con ella, si era aplicable al momento de ser creada o si una vez que resolvió el problema ya no es aplicable y por tanto habrá que derogarla.

Otro tratamiento y solución de los conflictos, sería el mecanismo de la ponderación, que es radicalmente distinto de los criterios clásicos para la resolución de antinomias en el derecho (conflictos entre reglas), y que supone resolver de acuerdo con el principio que, en las circunstancias del caso será aplicable la de mayor peso o importancia (a diferencia de los criterios de resolución de antinomias entre reglas, que establecen de manera permanente excepciones o jerarquías entre las mismas)[40]

"Los conflictos normativos suelen ser entendidos por los juristas como aquellos casos en los cuales el destinatario de las normas no puede cumplir dos o más obligaciones jurídicas aplicables en un mismo tiempo-espacio"[41].Puesto que cae en la incertidumbre jurídica, ¿hago aquello o no lo hago?, ¿resuelvo de una manera o resuelvo de la otra?, puesto que una norma mal aplicada puede cambiar el sentido de una sentencia.

Así, los jueces deben decidir el derecho aplicable al caso concreto resolviendo en muchas ocasiones los conflictos normativos, sien-

---

39 García Yzaguirre Víctor. Apuntes Conceptuales para la Identificación de conflictos normativos entre normas en Revista Problema Anuario de Filosofía y Teoría del Derecho, núm. 15, 2022, Enero-Diciembre, p. 352.

40 David Martínez Zorrilla, Conflictos Constitucionales, ponderación e intermediación normativa, https://dialnet.unirioja.es/servlet/tesis?codigo=141548.

41 Ibídem, p. 354.

do necesario que los jueces cuenten con elementos que les provean de soluciones para resolver tales conflictos.

"Se entiende por conflicto normativo todo problema de satisfacción de normas que derive de la posibilidad de aplicar a un mismo caso una o más normas cuyos significados no sean compatibles"[42].

Si bien, el "conflicto normativo dista de ser claro, debido a su naturaleza vaga........., por lo tanto, es preciso reflexionar si realmente existe una diferencia entre el concepto de conflictos normativos, colisión entre normas, contradicción, vulneración, infracción etc., respecto de los cuales existe la tendencia a utilizarlos como sinónimos"[43].De donde surge la necesidad de que sea la Suprema Corte de Justicia quien resuelva el conflicto normativo y determinar si es colisión, contradicción o conflicto normativo.

Ante esto, es necesario utilizar un lenguaje claro en la norma jurídica, para evitar términos e interpretaciones abstractas, vagas y carentes de sentido. Dado que el lenguaje utilizado por el derecho es considerado de carácter técnico en oposición al lenguaje ordinario, ya que en diversas ocasiones los términos o expresiones utilizadas por el derecho designan conceptos generados en la práctica jurídica y no en el uso común de las palabras[44].Lo que confunde al destinatario de la norma, por lo que es necesario establecer la taxativa de la norma.

El lenguaje jurídico denota principios, preceptos y reglas a que están sometidas las relaciones humanas. La función de este léxico es

---

42 Huerta Ochoa Carla. La acción de Inconstitucionalidad como control abstracto de conflictos normativos, en Boletín Mexicano de Derecho Comparado, vol. XXXVI, núm. 108, septiembre-diciembre, 2003, p. 928. Consulta 27/08/2023.

43 Huerta Ochoa Carla. Los Conflictos normativos, p. 51 En https://archivos.juridicas.unam.mx/www/bjv/libros/2/949/4.pdf. Consulta 27/08/2023.

44 Sebastián Agüero San Juan, Las antinomias y sus condiciones de surgimiento una propuesta para los enunciados normativos, https://scielo.conicyt.cl/scielo.php?script=sci_arttext&pid=S0718-09502015000200002, diciembre 2015.

sintetizar los conceptos básicos en los que se sustenta la experiencia y el saber metódico acerca del derecho. Su finalidad es la univocidad semántica, la economía léxica y la precisión conceptual o claridad entre los expertos[45].

Por ende, habrá que derogarla o declarar invalida la norma en conflicto, que puede ser entendido como una infracción al sistema jurídico o como una norma imperfecta, pues hay una incompatibilidad entre el hecho que se pretende normar y la norma en sí, que termina en una vulneración dentro del procedimiento, que puede ser revisado mediante los medios de control constitucional[46].

Existe un conflicto normativo, cuando diferentes normas establecen cualificaciones legales incompatibles, para el mismo caso concreto o para la misma clase de casos concretos. Esta incompatibilidad se da entre dos normas bien cuando una ordena o permite una acción y la otra la prohíbe (normas contradictorias)[47].

Los juristas han establecido el importante papel que juegan las antinomias, pues en su aplicación depende de la interpretación que se le va a dar, que, al momento de utilizar, una tendrá validez para ese caso concreto que se resuelve, mientras que la otra siendo válida, es invalida para ese caso específico que se juzga, por ello es importante encontrar un método para saber cuál aplicar[48].

> Por eso hay que cesar en la confusión del *docto* con el intérprete de las leyes. Este último es un operador, es decir un práctico no un teórico

---

45 El lenguaje jurídico, https://archivos.juridicas.unam.mx/www/bjv/libros/6/2926/5.pdf.

46 Huerta Ochoa Carla. La acción de Inconstitucionalidad como control abstracto de conflictos normativos, en Boletín Mexicano de Derecho Comparado, vol. XXXVI, núm. 108, septiembre-diciembre, 2003, p. 928. Consulta 27/08/2023.

47 Francisco José Díaz Ausin, Conflictos normativos y análisis lógico del derecho, file:///C:/Users/Lab02pc/Downloads/Dialnet-ConflictosNormativosYAnalisisLogicoDelDerecho-142274.pdf.Consulta 27/08/2023.

48 García Máynez Eduardo. Introducción a la Lógica Jurídica. Editorial Colofón. México 2017, pp. 9, 10,

> del derecho. Claro que el primero también tiene que entenderse con la interpretación, pero su oficio no es interpretar sino enseñar cómo se interpreta, lo cual puede también lograrse interpretando por vía de imitación, pero ante todo debe hacerse descubriendo y mostrando las leyes de la interpretación. Entre la ley del interpretar y la ley de interpretar, culmina la dificultad que he tratado de esclarecer, de lo contrario amenaza en sus fundamentos a la ciencia del derecho[49].

En muchas ocasiones, los conflictos surgen debido a las modificaciones que el legislativo realiza a las normas, reformas en nuestra Constitución, o en leyes secundarias, las primeras, por su importancia pueden generar una prohibición que está permitido en normas secundarias, que no son cambiadas a la par de la reforma constitucional, las segundas, cambios en Códigos o leyes que permiten ahora hacer una cosa que antes era prohibido o viceversa, prohíben algo que antes estaba permitido, sin ver la afectación que puede haber a un derecho.

En el caso de una contradicción normativa se configura como una contradicción material, y esto se presenta cuando dos o más normas tienen el mismo ámbito de aplicación y sus "contenidos normativos" son incompatibles, es decir que las normas en conflicto no pueden ser satisfechas al mismo tiempo, dado que el cumplimiento de una produce la desobediencia de la otra[50].

Así podemos poner como ejemplo la norma que prohíbe privar de la vida a otro ser humano, pero en el caso de la eutanasia si se permite, existe por tanto una prohibición y una autorización.

Podemos decir que el conflicto normativo es el choque entre dos normas jurídicas positivas que se contrapone una con otra, al permitir una acción o un acto procesal y al prohibir otra esa misma acción o ese acto procesal, constituyendo por tanto una antinomia

---

49 Carnelutti Francesco. Metodología del derecho. Editorial Colofón. México 2008, pp. 21,22.

50 Carla Huerta Ochoa, Los conflictos normativos, en https://archivos.juridicas.unam.mx/www/bjv/libros/2/949/4.pdf. Consulta 28/08/2023.

como una oposición contradictoria entre normas, generándose el conflicto al momento en que se tiene que aplicar y cuya decisión corresponde al juzgador.

Contradicción normativa es la imposibilidad lógica de un sujeto para dar satisfacción a todos los contenidos normativos, obligación de hacer algo y prohibición de no hacerlo[51].

Ejemplo tenemos en materia del voto en México, la obligación de acudir a votar, sin que exista alguna sanción si no se hace o si no se cumple ese deber, y el derecho de votar, lo cual incumbe que puedo ir o no, según se mi decisión libre, por tanto, hay un requerimiento y una libertad, es decir, obliga a hacer algo, pero permite no hacerlo.

El artículo 35 de la Constitución señala que son derechos de la ciudadanía en su fracción I.- Votar en las elecciones populares. Y el artículo 36 de la misma Constitución establece que son obligaciones del ciudadano de la República, en su fracción III.- votar en las elecciones, las consultas populares y los procesos de revocación del mandato...

En otras palabras, lo tienes que hacer, pero si no quieres hacerlo no lo hagas, luego entonces, hay una contradicción de proposiciones, te obligo a hacer algo, pero tienes el permiso de no hacerlo, como resultado se convierte en una incompatibilidad que no deben de coexistir y menos en la Constitución.

Esto es, existe una contradicción normativa pues hay la intención de ordenar una acción, pero también de que pueda o no realizarse, podría inclusive pensarse en una cuestión semántica, pero en todo caso nos lleva a un conflicto normativo.

Otro ejemplo palpable es cuando una norma prohíbe la entrada de vehículos a cierto lugar, pero en el caso de una emergencia lo podrán hacer ambulancias o carros de bomberos, si bien puede no

---

51 Rodríguez Jorge Luis. Teoría analítica del Derecho. Editorial Marcial Pons. Madrid España 2021, p. 397.

estar previsto esto en la norma, si resulta inaplicable la prohibición en casos urgentes.

“Otra alternativa para dar cuenta de la noción de contradicción entre normas consiste en situarse en la perspectiva del sujeto destinado de ellas, identificando la noción de contradicción normativa con la imposibilidad lógica de cumplimiento y satisfacción”[52].

Las denominadas “condiciones de las antinomias” constituyen presupuestos de estas, en el sentido de que sin su concurrencia no se presenta la antinomia, el conflicto, la incompatibilidad o la oposición normativa entre normas de conducta o enunciados normativos[53].

García Amado señala que; “la verdadera antinomia ocurre entre normas validas, por lo que cuando lo que se ha vulnerado al crear una de las normas es alguna de las condiciones de validez, no hay propiamente una antinomia, sino un choque entre una norma que es válida y otra que no lo es”[54].

Luego entonces, puede haber un conflicto normativo sin que exista una antinomia o viceversa, puede existir una antinomia sin ser un conflicto normativo.

Para García Amado, las antinomias auténticas son las que se dan dentro de un mismo sistema jurídico, entre normas creadas con arreglo a la competencia normativa vigente, de igual jerarquía y que sean coetáneas[55].

---

52 Ibídem, p. 396.

53 Sebastián Agüero-San Juan, Las antinomias y sus condiciones de surgimiento, Una propuesta para los enunciados normativos, https://scielo.conicyt.cl/scielo.php?script=sci_arttext&pid=S0718-09502015000200002, diciembre 2015. Consulta 28/08/2023.

54 García Amado José Antonio. Los Derechos: sus clases y sus relaciones en Argumentación Jurídica y conflictos de Derechos. Directores José Antonio García Amado y José Antonio Sedín Mateos. Editorial Tirant Lo Blanch Valencia España 2021, p. 16.

55 Ídem.

En la práctica jurídica se da el conflicto pragmático de normas, que sucede cuando dos normas distintas permiten en un primer momento calificar una conducta como prohibida y permitida, sin que haya contradicción en los enunciados de las normas, sino que, son conductas distintas para los destinatarios que terminan chocando al realizar la conducta que ampara la norma[56].

Por lo que habría que ver de qué manera se puede resolver un conflicto normativo, cabría el principio de proporcionalidad para tal fin, estableciendo la idoneidad de la norma a aplicar, y la necesidad de su aplicación, claro, mediante la interpretación de la norma a aplicar para resolverlo, estableciendo los alcances de esta en el caso a juzgar para elegir la correcta de existir más de una.

Así mismo, la utilización del criterio de necesidad de la norma a aplicar, es otra solución, cuando es la única disponible para lograr el fin de la justicia, o, porque es la menos lesiva al caso que se tiene que aplicar[57].

Entra entonces a la escena la eficacia de la norma que pueda servir de criterio decisivo, encontrando el punto de equilibrio como una herramienta para resolver el conflicto normativo, desde buscar su sentido lato, o todos los enunciados posibles que pueda contener la norma a aplicar.

Claro, las dudas provocadas por la ambigüedad de los enunciados jurídicos no son fáciles de resolver, por lo que es importante el método o criterio de interpretación elegido para interpretar el enunciado jurídico, porque puede darse en esa interpretación el resultado de ser sinónimos las normas ambiguas interpretadas[58].

---

56 Ibídem, p. 17.

57 Sánchez Gil Rubén. Nuevos apuntes sobre el principio de proporcionalidad. Revista del Centro de estudios constitucionales, p. 146. En https://www.sitios.scjn.gob.mx/cec/sites/default/files/publication/documents/2020-06/09_S%C3%81NCHEZ_REVISTA%20CEC_01.pdf. Consulta 27/08/2024

58 Hernández Marín Rafael. Teoría general de las decisiones judiciales. Editorial Marcial Pons. Madrid 2021, pp. 99,100.

Por lo que, un enunciado ambiguo puede tener varios sentidos y ser sinónimo de otro enunciado. Por lo tanto, el hecho de que un enunciado jurídico sea ambiguo no justifica atribuirle un sentido distinto, cualquier interpretación que atribuya al enunciado un sentido que no sea unos de las potenciales nociones, será una interpretación falsa[59].

LAS NORMAS DEL DERECHO PROCESAL

La norma jurídica es la base de todo el derecho, puesto que reglamenta toda actividad humana. Esta no es consensual, tiene un mecanismo de legitimidad al emanar de un congreso electo popularmente[60].derivándose de esta la norma procesal, principio para hacer valer nuestros derechos.

Las normas de derecho procesal son las que establecen la forma de cómo llevar el procedimiento, son las reglas de las acciones o excepciones, las armas de lucha entre los contrincantes, el cómo llevar los litigios y que aplica el juzgador en cada caso que conoce y resuelve.

Pero ¿qué es la norma procesal? Empecemos por el significado de la palabra norma, es sinónimo de regla de conducta. Respecto a su función, se utiliza el adjetivo normativo para indicar el fin prescrito. Teniendo una propiedad especifica que es su validez, esto es, su fuerza obligatoria[61].Obligatoriedad que se da en el procedimiento al imponer a las partes una serie de pasos a seguir durante la actuación ante el juez, hasta la ejecución de la sentencia.

---

[59] Ibídem, p. 102.

[60] Monroy Gálvez Juan. Teoría General del Proceso. 4ª. Edición. Editorial Communitas. Lima Perú 2017, p. 286.

[61] Cruz Parcero Juan Antonio. Enciclopedia Jurídica Latinoamericana. T. VII. Editorial Porrúa. México 2006, p. 663.

Es la regla de conducta exigible en la convivencia social, con trascendencia en el derecho[62]. Y cuando esta convivencia se rompe, puede acudirse a la norma procesal para establecer el orden.

"Las normas jurídicas no son, a su vez, otra cosa que reglas del obrar; se dice por lo demás, regla puesta por el hombre antes que por la naturaleza"[63]. Para determinar en su caso como actuar, derivándose las procesales para reglamentar los conflictos entre partes.

En base a lo anterior, la norma procesal es la conducta que deben tener las partes en un procedimiento o dentro de este, por ejemplo, el contenido de una demanda o una contestación en donde la norma procesal impone ciertas condiciones que deben de ponerse en la demanda o contestación, en qué momento deben de ofrecerse las pruebas y como, la manera en que debe preguntarse en el desahogo de una prueba testimonial, la forma en cómo debe de preguntarse y contestar en el desahogo de la prueba confesional, que requisitos existen para ofrecer una prueba etc. pero que incluye también al juez, al momento en que le indica como valorar una prueba, qué debe de contener una sentencia, en qué casos debe de admitir o no una demanda, en qué supuestos debe de admitir o no una excepción, por ejemplo de litis pendencia o de conexidad, cuando en algunas vías como la sumaria no se admiten cierto tipo de excepciones, o cuando no debe de admitir una apelación etc., esto es, hay una serie de prescripciones y de supuestos de hechos para saber cómo actuar, o si se le quiere llamar así, de obligaciones a seguir, recordemos que en la actualidad, el legislador le dio al juzgador a través de la norma procesal la conducción del proceso.

Así, conforme a lo anterior, se convierten en normas hipotéticas, pues son aplicables hasta que suceda lo previsto y al suceder lo

---

62 Diccionario Jurídico. Editorial Espasa Calpe. Madrid España 1991, p. 686.

63 Carnelutti Francesco. Metodología del derecho. Editorial Colofón. México 2008, p. 20.

previsto, se transforman en normas categóricas, obligando a realizar una acción ante un caso específico[64].

Las normas son reglas como guías de conducta que se convierten en obligaciones y deberes[65], dentro del procedimiento para ambas partes en litigio, como para el juez, que debe de aplicar al caso que se juzga, determinando la solución a la controversia, ponderando cual aplicar en caso de una contradicción.

Consecuentemente, las normas procesales, es un sistema general en donde son las encargadas de regular el procedimiento de todas las ramas del derecho y la forma de juzgar, que se convierte en un sistema procedimental o normativo.

Como sistema de procedimientos, es un sistema de acciones, basadas en reglas guiadas, a través de las cuales las normas son promulgadas, fundamentadas, interpretadas, aplicadas e impuestas. En tanto como sistema de normas, es un sistema de resultados o productos de procedimientos de creación de normas, cualesquiera que sean sus características[66].

> Por lo que es necesario identificar aquellos rasgos que hacen peculiar y diferente a la norma procesal…, saber cuándo estamos ante una norma procesales determinante para definir temas trascendentes respecto de su eficacia, tales como su vigencia en el tiempo o en el espacio, el criterio de interpretación más idóneo u otros en donde la naturaleza de la norma determina cuáles deben ser los instrumentos a ser utilizados para su análisis[67].

Una de las características de ellas es, que quien las aplica es un tercero imparcial, el Juez, arbitro, mediador, etc., ante quien acu-

---

64 Cruz Parcero Juan Antonio. Enciclopedia Jurídica Latinoamericana. T. VII. Editorial Porrúa. México 2006, p. 667.

65 Ibídem, p. 665.

66 Alexy Robert. El concepto y la validez del derecho. Editorial Gedisa. Barcelona España 2004, p. 31

67 Monroy Gálvez Juan. Teoría General del Proceso. 4ª. Edición. Editorial Communitas. Lima Perú 2017, p. 287.

den las partes para lograr una solución pacífica al conflicto que los divide. Otra de sus características es que se encuentran en todo el ordenamiento jurídico, no solamente en un código o en una ley adjetiva, inclusive en la misma Constitución[68].

Aplicar la ley o el derecho procesal, es la operación que realiza el funcionario judicial, a fin de que un precepto que es abstracto y que contempla determinada situación, obre en el caso concreto para que constituya materia de su pronunciamiento o decisión[69].

Giuseppe Chiovenda, citado por Juan Monroy Gálvez[70], señala que la norma procesal (a la que llaman ley procesal) es: "la ley reguladora de los modos y condiciones de la actuación de la ley en el proceso, así como de la relación jurídico procesal".

Francesco Carnelutti, citado también por Juan Monroy Gálvez, señala que las normas procesales sirven para conducir el trámite para la declaración y aplicación de una norma material, es decir, para resolver un conflicto, a estas normas también las denomina instrumentales[71].

Dentro de las normas procesales, existen supuestos de hechos, que, en ocasiones, constituyen una realidad extraprocesal[72], lo que nos lleva a las antinomias, en donde una decisión ante dos normas contradictorias implica gran trascendencia para una de las partes e inclusive un antecedente judicial.

Es tal la importancia de las normas procesales que su aplicación significa la aplicación del derecho positivo que en ocasiones se convierte en un sistema de conceptos e interpretaciones para juzgar,

---

68 Gozaíni Osvaldo Alfredo. Elementos de Derecho Procesal Civil. Editorial la Ley Buenos Aires Argentina 2002, p. 29.

69 Azula Camacho Jaime. Manual de Derecho Procesal T. I. Editorial Temis Undécima Edición. Bogotá Colombia 2019, p. 18.

70 Teoría General del Proceso. 4ª. Edición. Editorial Communitas. Lima Perú 2017, p. 287.

71 Ibídem, p. 292.

72 Gozaíni Osvaldo Alfredo. Elementos de Derecho Procesal Civil. Editorial la Ley Buenos Aires Argentina 2002, p. 29.

que ello se acabaría si la norma a aplicar es lo suficientemente clara para que no tenga lugar la interpretación, dado que la interpretación de la norma cuando no es clara da lugar en muchas ocasiones a violación de derechos humanos[73].

Las normas procesales, son el medio o instrumento para lograr la aplicación del derecho sustancial o material, pues a través de ella, se concreta el resultado del derecho en disputa mediante la sentencia[74].

No podemos hablar de sentencia sin procedimiento previo y a este lo constituyen el conjunto de normas que establecen los pasos a seguir para dictar la sentencia, pero la norma procesal no termina ahí, continua hasta que se es materializado el derecho ganado en la sentencia, esto es, hasta su ejecución.

Es en síntesis a través de las normas procesales se da la materialización del derecho, lo que implica el cuidado de su aplicación, pues aplicarlo mal conlleva "un sistema procesal defectuoso"[75], que incide en lo infuncional.

La ciencia procesal es "la ciencia práctica del derecho; como tal, busca la regla del obrar jurídico. Pero como el obrar jurídico significa colocar o aplicar la regla del derecho, su misión se resuelve en la búsqueda de la regla para hacer obrar la regla del derecho"[76].

Es a través de la norma procesal que se sanciona a quien ha violado un derecho, puesto que, para aplicar la sanción que corresponda, se necesita iniciar un procedimiento que aplique la disposición.

---

73 Pérez Cázares Martin Eduardo. El Estado Procesal del Derecho. Editorial Tirant Lo Blanch. México 2020, p. 192.

74 Azula Camacho Jaime. Manual de Derecho Procesal T. I. Editorial Temis Undécima Edición. Bogotá Colombia 2019, p. 18.

75 Alexy Robert. El concepto y la validez del derecho. Editorial Gedisa. Barcelona España 2004, p. 42.

76 Carnelutti Francesco. Metodología del derecho. Editorial Colofón. México 2008, p. 20.

La norma procesal, es el conjunto de formas que deberían ser cumplidas para poder defender los derechos en los tribunales[77]. Donde se genera el derecho de acción y derecho a la jurisdicción.

James y Roberto Goldschmidt equiparan a la norma procesal como derecho justicial, dirigido a jueces, a efecto de regular el rito de pedir justicia al Estado, están predestinadas al juez[78].

La norma procesal, es una norma jurídica que contiene facultades, poderes y deberes procesales impuestos al justiciable y al juez o que se vinculan directamente con el justiciable y el Juez[79].

En consecuencia, las normas procesales son instrumentos que determinan los pasos a seguir para resolver un conflicto entre dos o más personas y que corresponde al Estado a través del juzgador su aplicación.

El problema a tratar radica en que frecuentemente existe conflicto entre diversas normas procesales, que nos llevan a las antinomias y que corresponde al juzgador del derecho decidir cual aplicar y a la doctrina como a la jurisprudencia dilucidar.

Ahora bien, uno de los objetos del derecho procesal a través de la norma, es la actividad jurisdiccional, como juzgar y hacer ejecutar lo juzgado, para lograr la tutela judicial efectiva[80].Establecer reglas que permitan resolver problemas entre ciudadanos de manera pacífica sin llegar a la violencia, pero con normas claras que no tenga lugar la interpretación, pues en esta, se producen muchas veces las antinomias procesales.

---

77 Monroy Gálvez Juan. Teoría General del Proceso. 4ª. Edición. Editorial Communitas. Lima Perú 2017, p. 288.

78 Citados por Monroy Gálvez. Ob. Cit.

79 Carli Carlos. Derecho Procesal. Editorial Abeledo Perrot. Buenos Aires Argentina 1965, p. 23.

80 Lorca Navarrete Antonio María. El derecho procesal como sistema de garantías. Boletín mexicano de derecho comparado, vol. XXXVI, núm. 107, mayo-agosto 2003, p. 531.

En este tenor, la norma procesal contiene tres elementos que la caracterizan; a) establece una regla para la actuación del juez, de las partes y aun de terceros dentro del procedimiento, rigiendo sus relaciones recíprocamente, b) contiene una orden porque quienes intervienen en el procedimiento solo pueden apartarse de la regla en la medida que ella lo permita; c) su eficacia está asegurada con diversas medidas, desde la imposición de una carga, por una sanción como la nulidad de una actuación, multa o inclusive arresto[81].

Es de tal manera como la norma procesal se protege así misma para su eficacia, de esta forma podemos determinar que cuando no es aplicada correctamente puede decretarse la nulidad del acto procesal que incluye desde luego a la sentencia, nulidad que pude darse por la violación de derechos humanos al aplicarla, al aplicarla mal esto es, poniendo una diversa a la que realmente corresponde, o interpretarla de un modo incorrecto y para el caso que nos ocupa, cuando existen dos o más normas que dentro del mismo ordenamiento se contraponen, y al no haber elegido la correcta por haber una contradicción que una permite hacer algo al juez o a las partes y otra lo prohíbe, sin tener el juzgador o las partes la manera de solucionar esa antinomia, lo que en este documento se pretende dilucidar.

CONTRADICCIONES EN EL DERECHO PROCESAL

Tanto en el derecho adjetivo como en el derecho sustantivo existen innumerables contradicciones, que trascienden en la toma de decisiones, como en la aplicación del propio derecho y que toca al juez resolver.

En lo que refiere a la norma procesal, es tal su importancia pues no solo son las reglas para juzgar, sino que se torna en la decisión de quien tiene la razón, lo que trasciende en materia jurídica al decidir

---

81 Alsina Hugo. Tratado teórico práctico de derecho procesal civil y comercial. Editorial Ediar 2ª. Edición. Buenos Aires Argentina 1956, p. 36.

quien tiene el derecho y por tanto en la justicia, pues los criterios interpretativos de las normas procesales implican dar o no seguridad jurídica a las partes.

La interpretación es un problema de la teoría del derecho, porque pone en juego muchas variables de consideración[82]. Y mientras no se tenga un método para interpretar adecuadamente la norma procesal; queda sujeta en muchas ocasiones a la confrontación, y ante esta falta de metodología, el juez aplica la norma conforme su leal saber y entender[83]. Por lo que deben tener elementos para poder solucionar estas contradicciones que existen o que encuentren en las normas tanto adjetivas como sustantivas, pues corresponde a ellos aplicarla y tomar una decisión al respecto.

Robert Alexy señala el principio de ventaja distributiva en los criterios fundamentales de justicia, que incluye el principio de la seguridad, que exige entre otras cosas, la prohibición de matar y asesinar, hurtar y robar, dirigido a todos los miembros de la comunidad, en donde hay que distinguir conexiones fácticas y conceptuales[84]. Esto es, existe una cuestión semántica en la aplicación del derecho, que es necesario siempre aclarar, pues una apreciación conceptual distinta influye en el fallo definitivo.

Entramos entonces al apartado de la interpretación, para ver si existe un enlace entre la norma y el hecho a juzgar para saber cuál aplicar cuando entre ellas exista un conflicto normativo, que permita o prohíba un derecho, cayendo inclusive en ocasiones en lo absurdo de la norma, al establecer derechos que se encuentran tanto en los hechos del actor como en los del demandado, y que toca al juez dilucidar, pues es lógico que habrá siempre una contradicción en los hechos narrados por las partes, pero el problema existe cuando

---

82 García Máynez Eduardo. Introducción a la Lógica Jurídica. Editorial Colofón. México 2017, pp. 9, 10.

83 Ídem.

84 Alexy Robert. El concepto y la validez del derecho. Editorial Gedisa. Barcelona España 2004, p. 38.

también hay dos normas que apoyan el derecho de ambas partes, ahí se da la gran contradicción procesal.

"La doctrina declarativa admite la excepción del absurdo, según la cual, si la ley dice algo absurdo, su interprete debe corregirlo al declarar el derecho"[85]. Lo que pasa en innumerables ocasiones.

Lo absurdo caen en la desproporción, es una comparación entre realidad[86] y mito, lo que en materia jurídica es algo que debe de ser, pero no puede hacerse, o no puede ser posible, por lo que sobreviene la contradicción. Esto es, se pretende normar una realidad que no existe y que al momento de aplicarse choca con esta. Podríamos decir normas y verdades, lo que se pretende que sea y lo que es.

El orden absurdo se convierte en un orden depredatorio al no ser funcional[87]para el procedimiento, deslegitimando su aplicación al momento de dictarse la sentencia, que en la praxis jurídica se convierten en fallas normativas de origen que trastocan derechos, por lo que es necesario su corrección desde el legislativo, a través de la jurisprudencia o de la doctrina, de lo contrario daña la forma de materializar los derechos que se busca a través del derecho procesal.

> La pretensión de corrección es un elemento necesario del concepto de derecho. Esta tesis será llamada el argumento de la corrección......, cabe señalar que los sistemas normativos que no formulan ni explicita ni implícitamente una pretensión de corrección, no son sistemas jurídicos. Todo sistema jurídico formula una pretensión de corrección. En este sentido, la pretensión de corrección tiene una relevancia clasificatoria. Sólo en un sentido indirecto o metafórico, puede un observador llamar

---

85 Toubes Muniz Joaquín Rodríguez. La Excepción de lo Absurdo en la interpretación de la ley. En Argumentación Jurídica y conflictos de Derechos. Directores José Antonio García Amado y José Antonio Sedín Mateos. Editorial Tirant Lo Blanch Valencia España 2021, p. 296.

86 Manrique Juan Francisco. Camus y Kafka, Fundamentos de la filosofía de lo absurdo. Revista Perseitas. Universidad Católica Luis Amigó. Vol. 10 2022, Medellín Colombia, p. 330.

87 Ibídem, p. 39.

sistema jurídico a un sistema normativo que no formula ni explicita ni implícitamente una pretensión de corrección[88].

No corregir las antinomias procesales conlleva a fallas en todo el sistema jurídico, lo que resta seguridad en la aplicación del derecho tanto para quien lo aplica como para quien busca su aplicación, tornándose en un sistema deficiente, por lo que entra en juego la teoría de la corrección para buscar respuestas jurídicas correctas con el fin de encontrar la validez de la norma.

El derecho exige corrección al plantear una pretensión[89], buscando una respuesta con razonamientos sólidos; recordemos que el procedimiento está constituido por una serie de subsistemas o etapas, en la cual se aplican diversas normas procesales.

Desde la perspectiva de la función de la norma, Carnelutti expresa que se debe analizar su finalidad y su eficacia. Afirma que, desde la óptica de su finalidad, todas las normas son iguales, en tanto están previstas para conseguir la solución del conflicto de intereses[90].Por lo tanto no existiría ninguna contradicción y no podría haber antinomias si se busca el fin real de la norma o la autenticidad de esta.

Las ordenes en el derecho son como los fusiles en una armería, no están destinados a permanecer alineados en un estante, al igual que las normas jurídicas, son continuamente extraídas de su anaquel para hacer uso de ellas cuando se requieran, pero dan chascos y hasta disparan por la culata cuando son aplicadas[91].

Esto nos lleva a concluir que, al momento de que una norma jurídica procesal es utilizada para aplicarse en un procedimiento,

---

88 Ibídem, p. 40.

89 Poggi Francesca et. al. Haz lo correcto y la pretensión de Robert Alexy. Revista Derecho del Estado Nueva Serie. Universidad Externado de Colombia, núm. 53 2023, p. 7,8.

90 Monroy Gálvez Juan. Teoría General del Proceso. 4ª. Edición. Editorial Communitas. Lima Perú 2017, p. 23.

91 Carnelutti Francesco. Metodología del derecho. Editorial Colofón. México 2008, pp. 39, 40.

puede ser contradictoria no solo con su fin para la que fue creada, sino que puede perjudicar a una de las partes, puesto que puede encontrar cierta incoherencia al aplicarse a un caso concreto y esta incoherencia pone de manifiesto las fallas normativas.

Por lo tanto, tendrá que acudirse a la interpretación de los teóricos del derecho, para llevarla al ámbito del enjuiciamiento procesal, en donde se da la practicidad de la interpretación, con una diferencia mayúscula, en esta última se toman las decisiones de la sentencia.

"La dogmática jurídica nos permite advertir las insuficiencias, contradicciones, y aporías de un ordenamiento"[92]. Que nos lleva a establecer la verdadera finalidad que se persigue en la norma jurídica, si es funcional o no, aplicable o inaplicable y sobre todo si se contrapone o no con otras normas dentro del enjuiciamiento, pues es de suma importancia en el procedimiento judicial para resolver las disputas en casos concretos.

Por lo que es necesario encontrar la correcta voluntad del legislador al haber emitido la norma, o en su defecto, encontrar la autenticidad de la norma, si bien podemos hablar de una libertad que puede dársele al juzgador al aplicar la norma, también lo es que esa libertad está limitada a la interpretación normativa cuando encuentra contradicciones en la norma procesal.

No obstante, lo anterior y aun y cuando la Corte ha establecido que la interpretación procesal que se realice debe de ser conforme a la Constitución, el análisis que se hace es individual y ello lleva a diversos criterios de apreciación y de aplicabilidad, generando inseguridad jurídica al no existir una uniformidad o un método homogéneo para encontrar el verdadero sentido de la norma, para contribuir al desarrollo y evolución del derecho procesal.

---

92 Valadés Diego. Senderos Constitucionales. En Boletín mexicano de Derecho Comparado vol. LI, núm. 151, 2018. Instituto de Investigaciones Jurídicas Unam, p. 363.

Es importante saber cómo los jueces deciden sus casos cuando no están de acuerdo con el derecho a aplicar, o cuando encuentran una contradicción normativa, saber cuál aplicar si una es verdadera y otra es falsa, ¿cómo resolverla en tal caso?Y ¿Cuál aplicar para no equivocarse?[93], cuando tienen que decidir entre una u otra puede en tal caso ver como resolvió un asunto parecido y saber cuál norma aplicó, pero lo importante es otorgar un método específico para solucionar el dilema y uno de ellos puede ser la interpretación, buscando la afinidad de la norma al juicio por resolver, pero siempre como ya se ha dicho por muchos autores y sentencias de tribunales internacionales, la que más favorezca al ser humano.

Ricardo Guastinini señala que, en el caso de una antinomia en un caso concreto, es susceptible de dos diversas y opuestas soluciones. Admitiendo dos soluciones, puede ser decidido indistintamente en un modo o en el otro, un juez decide un caso de un modo, y otro caso en todo análogo al primero lo decide en modo opuesto, en una evidente violación al principio de igualdad y del valor de la certeza del derecho[94].

Se ha argumentado que los jueces crean derecho en lugar de interpretarlo, y cuando lo hacen, es fuera del marco de interpretación normativa[95], o cuando lo hacen de una manera interesada o por presión política o económica, haciendo una interpretación arbitraria, y al hacerlo así, nunca se resuelve la contradicción normativa, por el contrario, genera dudas y viola derecho procesales y humanos entre ellos la seguridad jurídica.

La norma tiene un significado propio[96], en muchas ocasiones independiente de la conducta o hecho a juzgar y ahí es cuando el apli-

---

93 Dworkin Ronald. El imperio de la justicia. Editorial Gedisa. Barcelona España 2012, pp. 16,17,19.

94 Guastini Ricardo. La sintaxis del derecho. Editorial Marcial Pons. Madrid 2016, p.p. 253, 254.

95 Ramírez Ludeña Lorena. Verdad y corrección en la interpretación jurídica. Revista de Derecho (Valdivia) Universidad Austral de Chile, vol. XXVIII, núm. 1. Valdivia Chile 2015, p. 10.

96 Ibídem, p. 13.

cador del derecho debe de buscar si la norma es o no autosuficiente, si depende de otra o si se contradice de otra.

Si bien hay una vaguedad en muchas normas procesales debe el juzgador tomar diversos instrumentos o herramientas interpretativas para solucionar esa vaguedad[97]. Que en este documento pretendemos señalar.

Así por ejemplo una norma prohíbe matar a una persona, pero otra permite matar por piedad[98], estamos ante una colisión, existiendo un conflicto de actuación procesal al prohibir y permitir a la vez.

LOS PRINCIPIOS PROCESALES DEL DERECHO EN LAS ANTINOMIAS

Cuando creemos en el derecho y accionamos el derecho en una controversia, y tenemos dudas de cual norma aplicar en caso de una contradicción, aplicamos principios y valores inclusive creencias, buscamos la justicia, el equilibrio, no buscamos un capricho de alguien, la ley no debe de hacerse al capricho ni por un capricho, y menos aún en las interpretaciones de esta, pues no debe de realizarse apreciaciones acordes al interés de alguna persona en particular, debe de estar al servicio de la sociedad y en especial de la justicia a la que debe de servir.

Robert Nozick decía que: "los principios son las barreras que impiden que las personas sigan sus deseos y los intereses del momento"[99]. Por ello el derecho adjetivo al aplicarse está lleno de principios, reglas, normas y valores que impiden que las personas actúen según su criterio o intereses propios.

---

97 Ibídem, p. 14.

98 Rodríguez Jorge Luis. Teoría analítica del derecho. Editorial Marcial Pons. Madrid España 2021, p. 398.

99 Nozick Robert. The nature of rationality. Princenton, New Jersey 1993, p. 9.

Cuando entramos al principio y valor de la justicia, los jueces, para la decisión de los asuntos sometidos a su conocimiento están sujetos a la observancia no sólo del derecho positivo-legal, sino también de los dogmas generales que conforman y dan coherencia a todo el ordenamiento jurídico, que se conocen como principios generales del derecho y que son aplicados en el derecho procesal.

La tolerancia de estos principios en toda su extensión para algunos es la fuente de la cual abreva todas las prescripciones legales, para otros es una orientación, hay quienes le dan una interpretación estricta, para varios es una positivización que es frecuentemente admitida en la medida en que se les estima como la formulación más general de los valores ínsitos en la concepción actual del derecho. Su función desde luego no se agota en la tarea de integración de los vacíos legales; alcanza sobre todo a la labor de interpretación de la ley y aplicación del derecho, de allí que los tribunales estén facultados y, en muchos casos, obligados a dictar sus determinaciones teniendo presente, además de la expresión de la ley siempre limitada por su propia generalidad y abstracción, los postulados de los principios generales del derecho, pues éstos son la manifestación auténtica, prístina, de las aspiraciones de la justicia de una comunidad.

Hay una cierta confusión en lo que debe entenderse por principios. Algunas veces se hace alusión a lo que este significado por una idea fundamental, es decir, las notas que dan naturaleza peculiar a la figura, a la institución o a la rama. Para el derecho procesal lo fundamental está en el dinamismo ideal, lo que implica que las normas conjuntadas en cierta ley han de responder a la noción del movimiento conceptual y no a la mutación material[100].

Principio viene de *primum capere* o *primum caput* que significa cierta idea de preferencia y procedencia, por lo que se ha sostenido que era el origen de una cosa o aquella de donde procedía. Más concretamente, se estima que los principios jurídicos son los pensa-

---

100 Briceño Sierra Humberto.www.juridicas.unam.mx/publica/librev/rev/facdermx/cont/81/dtr/dtr3.pdf consultada 19/09/2015

mientos directivos que sirven de base o fundamento a la organización legal de un determinado orden positivos: ideas fundamentales e informales de la organización jurídica de una nación[101].

La enciclopedia jurídica latinoamericana[102] señala que principios procesales son aquellos que orientan el procedimiento para lograr que el mismo pueda desarrollarse adecuadamente de acuerdo con la naturaleza de la controversia planteada.

Para Manuel Atienza y Juan Ruiz Manero[103], señalan los siguientes conceptos de principios jurídicos:

a) Principio en sentido de norma muy general entendiendo por tal que regula un caso cuyas propiedades relevantes son muy generales.

b) Principio en sentido de norma redactada en términos particularmente vagos.

c) Principio en sentido de norma programática o directriz, es decir, de norma que estipula perseguir determinados fines.

d) Principio en sentido de norma que expresa los valores superiores de un ordenamiento jurídico.

e) Principio en sentido de norma dirigida a los órganos de aplicación del derecho y que señala con carácter general cómo se debe seleccionar la norma aplicable.

f) Principio en sentido de regula iuris, es decir de enunciado o máxima de la ciencia jurídica de un considerable grado de generalidad y que permite la sistematización del ordenamiento jurídico o de un sector del mismo.

---

101 De Casso y Romero Ignacio. Cervera y Jiménez Alfaro Francisco. Diccionario Jurídico de Derecho Privado. Madrid 2006Tomo 11, p. 3111.

102 Enciclopedia jurídica latinoamericana. Editorial Porrúa. México 2006 Tomo VIII, p. 651.

103 Atienza Manuel y Ruiz Manero Juan. Las Piezas del Derecho. Editorial Ariel. Barcelona 1996, p. 128.

Tales principios pueden o no estar incorporados al derecho positivo. Pero es necesario tomarlos en cuenta puesto que en el ámbito procesal lo no legislado, las lagunas existentes, o las contradicciones pueden ser cubiertas por los principios generales del derecho de allí la importancia de estos.

La discusión contemporánea sobre los principios está orientada a partir de la distinción que el jurista norteamericano Ronald Dworkin[104], hace entre dos tipos de normas; las reglas y los principios y, a su vez, entre principios en sentido estricto y directrices. Ambos conjuntos de pautas apuntan a determinadas decisiones sobre la obligación jurídica en circunstancias determinadas, pero unos y otros difieren en la orientación que dan. Las reglas son aplicables a la manera de todo o nada. Si se dan los hechos que estipula una regla, entonces, o bien la regla es válida, en cuyo caso la respuesta que da debe ser aceptada, o bien no lo es, en cuyo caso no contribuye a nada a la decisión.

Las directrices según Dworkin[105], es un tipo de norma que propone un objetivo que ha de ser alcanzado, generalmente, una mejora en algún rasgo económico, político o social de la comunidad. Los principios en sentido estricto son normas que han de ser observados no porque favorezca o asegure alguna situación económica, política o social considerada deseable, sino porque es una exigencia de la justicia, de equidad o de alguna otra dimensión de la moralidad.

Normalmente al derecho se le hacen observaciones, algunas coherentes otras incoherentes, bien por el estado de las cosas o de las situaciones que se viven en un determinado procedimiento, para tratar de enmendar lo que no estuvo bien legislado, por lo cual caben las interpretaciones, pero solo en aquellas en que la norma es oscura, o cuando tiene enunciados que se contraponen, normas en

---

104 Dworkin Ronald. Los derechos en serio. Editorial Ariel. Barcelona 1984, p. 176.

105 Ídem.

ocasiones contradictorias, o confusas, en cuyo caso los principios pueden constituir una herramienta válida para su solución.

Cuando existen controversias que la ley no alcanza a resolver, porque no se encuentra en un texto de esta o en una norma, los principios generales de derecho servirán para resolverlos de ahí la importancia de estos que coadyuvarán en la aplicación del derecho y que pueden servir como una solución a las antinomias.

Todo principio procesal tiene un amplio dominio sobre el desenvolvimiento del proceso respecto a la existencia y validez de la relación jurídica procesal y su influencia es trascendente sobre el proceso. Todos los principios con mayor o menor grado garantizan resultados cada vez más justos, aun cuando el resultado no le sea favorable[106].

Razonar acerca de lo que es el derecho, de lo que produce, y de las actividades que reglamenta es entrar a un análisis de la normatividad existente a aplicar. Ronald Dworkin decía; "tras cada jurista se esconde un filósofo"[107].

El derecho se debe de razonar en el sentido de que debe de encontrarse su realidad, lo que ha pretendido normar, su relación con la comunidad en la que se aplica, el fin mismo que busca, de no hacerse así pondríamos en tela de juicio su razón de ser y ¿que quedaría del derecho?, una letra muerta, figuras jurídicas utópicas al aplicarse, una ilusión de lo que pudo ser, o una contradicción entre el ser y el deber ser.

La inevitable antinomia del dualismo entre el ser y el deber ser, "realidad y valor y la admisión ineludible de una relación de contenidos entre ambos sistemas que se han supuesto sin relación entre sí, no significa otra cosa que la hipótesis de una falta de relación

---

106 Peñaranda Quintero, Héctor Ramón. Principio de equidad procesal, en Revista Nómadas, vol. 21, núm. 1 Euro- Mediterranean University Institute. Roma Italia 2009, p. 3.

107 www.juridicas.unam.mx/publica/librev/rev/facdermx/cont/246/art/art16.pdfConsultada 19/09/2015

entre el ser y el deber ser". "El ser y el deber ser, son, sin duda, elementos antagónicos que no pueden ser referidos ni el uno al otro ni ambos a una común raíz lógica"[108].

La tensión entre ser y deber ser, no debe resolverse nunca unilateralmente, ni en favor de lo normativos ni del lado de la realidad social[109].

De ahí que el derecho se utilice a menudo para suplir carencias de principios morales como una estrategia para su aceptación tanto en la conciencia del individuo como en la conciencia de la colectividad, al no tener un código escrito de moral. Y cuando el derecho no puede suplir esas carencias, se acude a los principios de derecho.

La tesis de Robert Alexy[110], consiste en sostener que los principios son mandatos de optimización, es decir, normas que ordenan que algo sea realizado en la mayor medida posible dentro de las posibilidades jurídicas y reales existentes. Esto significa que los principios pueden ser cumplidos en diferente grado a diferencia de las reglas que sólo pueden ser cumplidas o no.

Otra característica de los principios es que sus mandatos –de que algo debe realizarse- no son definitivos como las reglas, sino prima facie. Esto quiere decir que los principios presentan razones que pueden ser desplazadas por otras razones opuestas, por ello los principios presentan un contenido normativo indeterminado respecto a otros principios contrapuestos y las posibilidades fácticas.

Manuel Atienza y Juan Ruiz Manero[111], señalan que las reglas constituyen un conjunto finito y cerrado, en los principios no puede formularse una lista cerrada de las mismas, no se trata sólo

---

108 Heller Hermann. Teoría del Estado. Editorial Fondo de Cultura Económica. México 2000, pp. 238.239.

109 Ídem.

110 Alexy Robert, Teoría de los Derechos Fundamentales. Editorial Centro de Estudios Constitucionales. Madrid, 1993, p. 151.

111 Atienza Manuel y Ruiz Manero Juan. Las Piezas del Derecho. Editorial Ariel. Barcelona 1996, p. 129.

de que las propiedades que constituyen la condición de aplicación tengan una periferia mayor o menor de vaguedad, sino de que tales condiciones no se encuentran siquiera genéricamente determinadas.

Aguiló[112], menciona que los principios funcionan como normas categóricas, es decir, normas cuyas condiciones de aplicación se derivan exclusivamente de su propio contenido, consistente en la existencia de la oportunidad de hacer aquello que la norma prescribe.

Ahora bien, los principios procesales normalmente vienen protegidos por las constituciones, ya que están relacionados de manera estrecha con los valores morales, esto hace que en materia procesal exista una conexión entre derecho y moral, ya que, al existir fallas legislativas, lagunas procesales o contradicciones normativa, se acude a los principios para poder resolver un caso, que no puede resolverse por la legislación positiva ni por criterios jurisprudenciales.

La autoridad jurisdiccional tiene la obligación de que todos sus actos ante el gobernado, tengan los requisitos que establece nuestra Constitución, los cuales deben de ser garantes de la constitucionalidad, de ello no es ajeno el derecho procesal, el cual consagra principios fundamentales que constriñe a toda autoridad jurisdiccional en la aplicación de sus actos, estos principios constituyen un fuerte rigor y freno en el actuar de toda autoridad juridicial o jurisdiccional, de manera tal que si un principio procesal no se cumple provoca la violación a los derechos humanos. Principios que pueden o no estar en la legislación como los señalados en el título segundo, capítulo primero del Código Nacional de Procedimientos Penales.

---

112 Aguiló Regla Josep. Teoría General de las Fuentes del Derecho. Editorial Ariel. España 2000, p. 175.

TIPOS DE ANTINOMIAS

Dentro del derecho objetivo como adjetivo, existen varios tipos de antinomias, si bien cada autor pueda darles un nombre distinto, y tener variación una de otra, la mayoría coincide en las siguientes: la total, la parcial, la aparente, la auténtica.

La total es cuando en un mismo cuerpo normativo un artículo permite una acción y otro artículo la prohíbe.

La parcial, cuando una norma permite hacer o no hacer algo, pero otra norma del mismo cuerpo normativo la maneja como obligatorio.

La aparente, es la que se da en el proceso de interpretación, esto es, cuando al apreciar un precepto se le da un sentido distinto al real que persigue la norma, por lo que no excluye la validez de esta.

La auténtica, es aquella que la norma originaria del conflicto carece de validez jurídica[113].

Adicionalmente, podríamos establecer la existencia de la procesalista, aquella que en un mismo cuerpo normativo adjetivo señala una vía procesal para el trámite de una acción, y otra señala una vía distinta, ejemplo de ello lo encontramos en la acción causal y la autonomía de los títulos de crédito, cuando ya ha prescrito la acción cambiaria directa, que nos lleva a cierta inconsistencia legislativa.

Si bien, toda antinomia es una cuestión deóntica, puesto que estamos ante la presencia de lo debido, o del deber ser, lo que genera que, en muchas ocasiones, se realice una interpretación normativa forzada, fuera de toda lógica razonable[114]. Que produce desde

---

113 Martínez Zorrilla David. Conflictos normativos. Instituto de Investigación Jurídicas, p. 1315, visto en https://archivos.juridicas.unam.mx/www/bjv/libros/8/3796/16.pdf. Consulta 12/06/2019.

114 Velázquez Francisco Hugo José. Exclareciendo el concepto de Lógica deóntica. Revoista Andamios, versión on line. Tomada de: https://www.scielo.org.mx/scielo.php?script=sci_arttext&pid=S1870-00632021000100457. Consulta 3/07/2024.

luego la antinomia, pues del deber ser se va al ser, lo que se aplica realmente.

Inclusive, pudiéndose agregar que en muchas ocasiones se da una legislación forzada, o lo que comúnmente se le conoce como legislación al vapor, pues bien, en materia de títulos de crédito se da una antinomia procesal que a continuación analizamos.

También podemos afirmar que existen las antinomias jurisprudenciales, creadas por la jurisprudencia establecida en los Tribunales Colegiados como en la Suprema Corte, al interpretar un precepto jurídico, en la cual lo analizan aceptando una cosa, acción u obligación, pero negándola al mismo tiempo en otro criterio diverso, contradiciéndose así mismo.

Otro tipo de antinomias es la internacional, cuando un tratado internacional valga la redundancia, se contrapone a un artículo o ley de un país que forma parte de ese tratado, estableciendo situaciones diversas a las establecidas en la legislación local.

LA CONTRADICCIÓN PROCESAL DE LA AUTONOMÍA DE LOS TÍTULOS DE CRÉDITO

En nuestra legislación, se les otorga a los títulos de crédito plena autonomía respecto a su origen, de donde surgió o referente a cualquier contrato o acto mercantil, no obstante que todo título de crédito tiene como antecedente un acto de comercio que le da origen al propio documento, aplicándose la teoría de la autonomía de los títulos de crédito, que riñe con las excepciones afectando al demandado en un procedimiento y confrontándose con la acción causal, por lo que, analizando la teoría de la autonomía que los respalda, aplicada en la práctica procesal surge una oposición con la acción causal.

Con el aumento de las transacciones comerciales, tanto entre individuos como entre empresas y gobiernos, los títulos de crédito se han convertido en elementos fundamentales en la función económica para garantizar y respaldar las obligaciones contractuales.

El presente análisis se basa en el estudio de la literatura legal, económica y jurisprudencial relacionada con los títulos de crédito y su autonomía, la cual se torna en entredicho. Se examinan casos de estudio y ejemplos concretos para ilustrar cómo los títulos de crédito funcionan en la práctica y cómo la autonomía se contrapone en la práctica procesal con la acción causal.

A través del método analítico y exegético, vislumbramos las contradicciones existentes en la legislación mercantil en México, al aplicar la teoría de la autonomía de los títulos de crédito en contraposición de la acción causal.

Encontrando que los títulos de crédito desempeñan un papel crucial en la facilitación de las transacciones comerciales al proporcionar un mecanismo para garantizar el cumplimiento de las obligaciones contractuales. La teoría de la autonomía de los títulos de crédito les otorga independencia respecto a su origen y transacción subyacente, lo que ha sido un componente clave en el desarrollo de los sistemas comerciales modernos, más, sin embargo, cuando la acción ejecutiva ha prescrito, resulta necesaria la acción causal donde el elemento primordial de esta acción es demostrar el origen del título de crédito, lo que constituye una contradicción a la autonomía de estos.

A pesar de la autonomía de los títulos de crédito, se plantean desafíos y excepciones en la aplicación de esta teoría. Casos en los cuales la autonomía entra en conflicto con la realidad comercial y las excepciones legales ponen de manifiesto la necesidad de un enfoque más equilibrado y contextualizado. La discusión se centra en la necesidad de considerar perspectivas alternativas y abordar los posibles conflictos entre la teoría y la práctica, que impacta en conflictos normativos, de ahí la necesidad del método exegético en el presente, a efecto de demostrar la contradicción existente en la legislación.

Si bien los títulos de crédito se transfieren de manera común, pasan de mano en mano para realizar el pago de la transacción mercantil realizada, con la plena confianza de que dicho documento será satisfecho en base al principio de buena fe en el comercio, establecido en el artículo 6 bis del Código de Comercio, pero al momento de la falta de pago he iniciar el procedimiento legal para obtener su cumplimiento, cuya parte demandada será el suscriptor, salta a la vista la figura jurídica de la autonomía de los títulos de crédito, aplicándose en México esta, la cual deja al suscriptor en desventaja procesal al no poder interponer excepciones personales contra el tenedor del título.

CONCEPTOS DE TÍTULOS DE CRÉDITO O TÍTULOS VALORES

Si bien, construir un concepto jurídico debe de ser acorde a la realidad y al momento que vivimos, puesto que no hay conceptos definitivos y menos aún en el derecho, es decir, no podemos hablar de definiciones sino de conceptos ya que el derecho es cambiante[115], en base a lo anterior, como juristas, debemos cimentar un concepto científico del tema a tratar, pues constituye una base fundamental en el derecho, para explicar el tema que nos aboca, sirviendo también para resolver de mejor manera los problemas que se presentan, tanto en la enseñanza del derecho como en la práctica procesal.

Por lo tanto, el concepto se convierte en una herramienta en el derecho y del derecho, tiene un fin y es servir para aclarar y explicar un tema en específico, como para resolver un problema existente y dilucidar con precisión el tema en estudio.

Así y con base en el método analítico, señalaremos diversos conceptos de algunos doctrinistas para construir uno que se adapte y apegue a la realidad actual que vivimos dentro de la practica procesal.

Si bien la doctrina es abundante al respecto, esta no es nueva, pues la noción de los títulos de crédito ha sido tratada gran parte en el siglo XX, actualmente, poco se discute respecto a nuevos conceptos.

115 Pérez Cázares Martin Eduardo. El nuevo derecho procesal mercantil. Editorial Tirant Lo Blanch. México 2018, p. 66.

La expresión título valor o título de crédito, es la declaración de una persona que se obliga a realizar una prestación a favor de otra, identificada en el propio documento[116].

Como título, hace referencia a la posesión de una cosa, un instrumento con que se acredita un derecho, o se consigna un acto jurídico[117].

Crédito viene del latín *creditum*, tener confianza, tener fe en algo, desde el punto de vista económico jurídico, es la transferencia de bienes que se hace de una persona a otra, teniendo una relación de dar y recobrar[118].

En base a lo anterior, podemos decir que título de crédito es el documento que avala un derecho de recuperar los bienes transferidos a otra persona, a la cual se le tiene confianza, en base al principio de buena fe en materia mercantil de devolver la cosa transferida.

Ahora bien, valor, desde el punto de vista jurídico, significa el grado de aptitud de las cosas para satisfacción de las necesidades del ser humano[119].

Retomando como título valor, dentro de los elementos para constituir el costo de una cosa son: a) precio; b) tiempo; c) lugar; d) cantidad; e) nivel comercial[120].

---

116 Beltrán Emilio. Los títulos cambiarios. En Derecho Cambiario. Coordinador Campuzano Ana B. Editorial Tirant Lo Blanch. Valencia España 2013, p. 19.

117 Labariega Villanueva Pedro Alfonso. Concepto y caracterización de los títulos valor. Revista de derecho privado. Nueva época. Año 1, núm. 2 mayo-agosto 2002. Instituto de Investigaciones Jurídicas Unam, p. 41.

118 Acosta Romero Miguel. Enciclopedia Jurídica Latinoamericana. Instituto de Investigaciones Jurídicas Unam. Editorial Porrúa Tomo III México 2006, p. 451.

119 Labariega Villanueva Pedro Alfonso. Concepto y caracterización de los títulos valor. Revista de derecho privado. Nueva época. Año 1, núm. 2 mayo-agosto 2002. Instituto de Investigaciones Jurídicas Unam, p. 41.

120 Ramírez Gutiérrez José Othón. Enciclopedia Jurídica Latinoamericana. Instituto de Investigaciones Jurídicas Unam. Editorial Porrúa Tomo X México 2006, p. 427.

Así, título valor expresado también como título de crédito, será el documento que constituye el precio de una cosa y que implica un derecho en el mercado, con un tiempo específico de cumplimiento de pago, en un lugar determinado en el propio documento, que, al poder ser cambiado, comprende al derecho cambiario, siendo una de las formas en que se expresan las operaciones de crédito.

La expresión títulos de crédito, en nuestra legislación mexicana, se establece en dos aspectos, una como sinónimo de documento y como forma de acreditar un derecho[121], lo anterior en su artículo 803[122] del Código Civil de la Ciudad de México, otro aspecto es como prueba o justificación de un derecho, ello en artículos relativos al registro mercantil, y otra como crédito-valor, que más adelante se señalan.

La expresión título valor, fue utilizada por primera vez en lengua castellana por el español Ribo, en un artículo publicado en la revista critica de derecho inmobiliario, y después utilizada por numerosos escritores, empezando así la construcción de los títulos valores, pues Savigny aporto la idea de la incorporación del derecho al documento. Brunner le agregó el concepto de la literalidad, y Jacob recogió los datos anteriores y agregó como elemento de la definición el de legitimación, fue pues, la doctrina italiana quien hizo interesantes aportaciones a esto[123].

La Ley General de Títulos y Operaciones de Crédito, (México) en su artículo 5, los define como, "Los documentos necesarios para ejercitar el derecho literal que en él se consigna", y en su artículo 1

---

121 https://archivos.juridicas.unam.mx/www/bjv/libros/7/3117/10.pdf. Consulta 3/07/2024

122 Todo poseedor debe ser mantenido o restituido en la posesión contra aquellos que no tengan mejor derecho para poseer.
Es mejor la posesión que se funda en **título** y cuando se trate de inmuebles la que está inscrita. A falta de título o siendo iguales los títulos, la más antigua.
Si las posesiones fueren dudosas, se pondrá en depósito la cosa hasta que se resuelva a quién pertenece la posesión.

123 Cervantes Ahumada, Raúl. Títulos y Operaciones de Crédito, 6ª edición Editorial Herrero. México 1988, p. 7.

dice que son cosas mercantiles, esto es, en el sentido en que se usa la palabra cosa en el derecho privado, pero se diferencia de todas las demás cosas mercantiles, en que estos documentos son "Medios reales de representación gráfica de hechos"[124]. En tal sentido, deberá de agregarse que constituyen derechos para quien posee el título.

Cesar Vivante[125], señaló; todo el que necesita de un término para pagar una cantidad de dinero, sea el precio de mercancía, o de servicios, sea el reembolso de un préstamo, o bien el saldo de una cuenta, puede utilizar la forma cambiaria que se adapta a cualquier operación de crédito.

Se puede inferir entonces que, título de crédito será el documento que contiene el derecho de cobrar la cantidad estipulada en el mismo.

Se define al título de crédito o título valor como "el documento necesario para ejercitar el derecho literal y autónomo en él consignado[126].

Brunner señala: es el documento relativo a un derecho privado cuya efectividad está jurídicamente condicionada por la posesión del mismo documento[127].

Vicente y Gella menciona: es el documento que presume la existencia de una obligación de carácter patrimonial, literal y autónomo, el cual, es necesario para que pueda erigirse o efectuarse válidamente por el deudor el pago de la prestación en que consiste aquella[128].

---

124 Ibídem, p. 15.

125 Vivante, Cesar. Tratado de Derecho Mercantil, volumen III, Mercancías y Títulos de Crédito, traducción Miguel Cabeza y Andino 1ª edición Editorial Reus S.A. Madrid España 1936, p. 106.

126 Enciclopedia Jurídica Latinoamericana. Instituto de Investigaciones Jurídicas Unam. Editorial Porrúa Tomo X. México 2006, p. 106.

127 Toledo González Vicente. Enciclopedia Jurídica Latinoamericana. Instituto de Investigaciones Jurídicas Unam. Editorial Porrúa Tomo X. México 2006, p. 106.

128 Enciclopedia Jurídica Latinoamericana. Instituto de Investigaciones Jurídicas Unam. Editorial Porrúa Tomo X. México 2006, p. 106.

Castrillón y Luna nos menciona que es un documento necesario para ejercitar y transferir el derecho en él mencionado[129].

Los títulos de crédito son una serie de documentos diferentes entre sí, que tienen una nota común: incorporar una promesa unilateral de realizar determinadas prestaciones a favor de quien resulte legitimo tenedor del documento. Su principal función es, facilitar el tráfico jurídico, así como la circulación de los bienes[130].

De los títulos de crédito puede decirse que son títulos ejecutivos que tienen la constatación fehaciente de una obligación exigible y en su caso, dineraria[131].

Nuestra legislación mexicana en el concepto de títulos de crédito, adoptó la doctrina italiana de incorporación, así, la incorporación a un título de crédito lo vemos en los artículos 17[132], 18[133], 19[134] y 20[135] de la Ley General de Títulos y Operaciones de Crédito, para nuestra legislación, lleva incorporado un derecho, en tal forma que, el derecho va íntimamente unido al título y su ejercicio está condicionado a la tenencia y exhibición del título y el derecho no es sino un elemento primordial del propio documento.

---

129 Castrillón y Luna, Víctor M. Títulos de Crédito. Editorial Porrúa México 2002, p. 47.

130 Diccionario Jurídico Espasa. Editorial Espasa Calpe. Madrid España 1991, p. 924.

131 Podetti J. Ramiro. Tratado de las ejecuciones. Editorial Ediar. Buenos Aires Argentina 1997, p. 123.

132 El tenedor de un título tiene la obligación de exhibirlo para ejercitar el derecho que en él se consigna.

133 La trasmisión del título de crédito implica el traspaso del derecho principal en él consignado y, a falta de estipulación en contrario, la trasmisión del derecho a los intereses y dividendos caídos, así como de las garantías y demás derechos accesorios.

134 Los títulos representativos de mercancías atribuyen a su poseedor legítimo, el derecho exclusivo a disponer de las mercancías que en ellos se mencionen.

135 El secuestro o cualesquiera otros vínculos sobre el derecho consignado en el título, o sobre las mercancías por él representadas, no surtirán efectos si no comprenden al título mismo.

Conforme a lo anterior, podemos decir que los títulos de crédito son documentos mercantiles que garantizan el pago a futuro de un crédito otorgado y establecido en el propio documento, por el que se concede la fe en la persona que lo suscribe y la certeza de su pago, en el que se consigna un valor, pues lleva un derecho incorporado de garantía de pago, con el cual se pude acudir a un juicio en caso de incumplimiento.

Consecuentemente, podemos afirmar que este tipo de documentos, comúnmente devienen de una transacción mercantil, pues resulta ilógico que el documento crediticio se firme así porque si, sin más razón que solo firmarlo, esto es, existe por simple lógica un acto jurídico mercantil que se antepone a la firma del documento, lo anterior reconocido dentro de la propia legislación al otorgarse la acción causal en caso de prescripción de la acción cambiaria directa.

Así lo ha señalado también Enrique M. Falcon, al estimar que uno de los requisitos de los títulos de crédito es que tienen una deuda instrumentada, proveniente de un acto jurídico[136].

LA AUTONOMÍA DE LOS TÍTULOS DE CRÉDITO

La teoría de la autonomía de los títulos de crédito, aceptada por muchos países de Latinoamérica y reflejada en su legislación, resulta contradictoria en la propia normatividad mercantil, puesto que, por un lado, es aceptada y por otro admite la relación causal, lo que constituye una antinomia.

La autonomía, consiste en la independencia que entre sí guardan tanto los derechos como las obligaciones consignadas en un título valor. Para entender plenamente la autonomía, debe partirse de la idea de que en un título no existe un solo derecho ni una sola obligación, sino tantos derechos como tenedores del título vayan

---

136 Falcón enrique M. (2005) Manual de derecho procesal. Editorial Astrea. Buenos Aires Argentina 2005, p. 209.

surgiendo y tantas obligaciones como firmas de personas con ese carácter obren en el propio documento[137].

"La autonomía significa que el poseedor del título ejercita un derecho propio, independiente del derecho de los anteriores titulares y al que no afecta las relaciones que hayan podido existir entre el deudor y los titulares precedentes"[138].

Si aplicamos esta autonomía también para el deudor, en relación con conservar todos los derechos inherentes a una defensa total, plena y adecuada, sin limitación alguna, constituiría un equilibrio procesal, puesto que, debe de mantener sus derechos originales aun y cuando el documento hubiera circulado, generando así la tan predicada igualdad ante la ley, de lo contrario se establece un desequilibrio en la contienda, al no dar paridad de armas en un juicio y poder disponer de todas las excepciones.

La autonomía se manifiesta plenamente al transmitirse un título, gracias a ella, el nuevo tenedor no adquiere el mismo derecho de su predecesor, sino que, adquiere uno nuevo, distinto y diferente, es decir, autónomo. Además de su aspecto activo referente a los acreedores o tenedores sucesivos, la autonomía también tiene un aspecto pasivo, relativo a los deudores, o más bien, a los obligados dentro del propio título. En atención a ese aspecto pasivo de la autonomía, la obligación de cada uno de los suscriptores con el carácter que sea es distinta de la de los otros, lo que significa que los vicios o nulidades que una pudiera tener, no afecta para nada la situación de los demás[139].

Lo que nos lleva a establecer que la autonomía no da un carácter equitativo en la relación cambiaria, pues existe una desigualdad to-

---

137 Enciclopedia Jurídica Latinoamericana. Instituto de Investigaciones Jurídicas Unam. Editorial Porrúa Tomo X. México 2006, p. 110.

138 Beltrán Emilio. (2013). Los títulos cambiarios. En Derecho Cambiario. Coordinador Campuzano Ana B. Editorial Tirant Lo Blanch. Valencia España 2013, p. 22.

139 Enciclopedia Jurídica Latinoamericana. Instituto de Investigaciones Jurídicas Unam. Editorial Porrúa Tomo X. México 2006, p. 110.

tal en cuanto a derechos se refiere entre el poseedor del documento y el suscriptor.

Para poder hablar de la autonomía, como característica de un título de crédito, es necesario que el mismo circule por medio de su forma normal de transmisión como lo es el endoso. Si el original beneficiario del documento no lo negocia, el título se mantendrá como causal y la autonomía no entrará en operación, porque la razón de la existencia de la autonomía es la de proteger el derecho del nuevo adquiriente[140].

En otras palabras, se da la autonomía del documento una vez que este circula o es transmitido a otra persona a través del endoso. Podemos preguntarnos entonces si ¿con esta autonomía en la circulación de los títulos de crédito se protege la economía en detrimento del suscriptor?

La tesis autonómica de los Títulos de Crédito fue sustentada por Cesar Vivante, la cual difiere de nuestra realidad socio-económica-comercial, no obstante que es adoptada por nuestra legislación mexicana, pero contradictoria al sustentar dos posturas distintas entre la autonomía y la causa.

Según Vivante la autonomía es característica esencial del título de crédito, manifestándose en la autonomía del derecho que cada titular sucesivo va adquiriendo sobre el título y sobre los derechos en el incorporados, la expresión autonomía, indica que el derecho del titular es un derecho independiente, en el sentido de que cada persona que va adquiriendo el documento (refiriéndose a la transmisión del mismo), adquiere un derecho propio, distinto del derecho que tenía o podría tener quien le transmitió el título[141].

Esto es, debe entenderse que es autónoma la obligación de cada uno de los signatarios de un título de crédito, porque dicha obli-

---

140 Castrillón y Luna, Víctor M. Títulos de Crédito. Editorial Porrúa México 2002, p. 62.

141 Cervantes Ahumada, Raúl. Títulos y Operaciones de Crédito, 6ª edición Editorial Herrero. México 1988, p. 47.

gación es independiente y diversa de la que tenía o pudo tener el anterior suscriptor del documento, luego entonces se transmite derechos no obligaciones.

Así, el Derecho es autónomo porque el poseedor de buena fe ejercita un derecho propio, que no puede limitarse o decidirse por relaciones que hayan tenido entre el tenedor y los poseedores precedentes. No obstante, existió una fuerte oposición entre los franceses pues se aferraban a su teoría, defendiendo la ligazón estrecha entre la letra y el contrato de cambio originario de ella[142]. Como en el presente lo hacemos, pues existe un lazo entre el documento crediticio y la causa que lo origina, por lo que no es autónomo, deviene de un acto mercantil, aun y cuando este pueda circular, negar lo contrario sería negar la existencia del propio título de crédito.

Como lo mencione, nuestra legislación mexicana se limita a determinar que quien adquiera de buena fe un título de crédito, no puede oponérsele las excepciones que habrían podido ser opuestas a un anterior tenedor del documento, como la causa que dio origen al documento.

Resulta raro en la práctica ver algún título de crédito que sea verdaderamente autónomo, puesto que, normalmente, la mayoría garantiza el cumplimiento de una obligación comercial, esto es, existe un vínculo jurídico contractual anterior, una causa generadora del documento crediticio.

Ahora, si bien se ha dicho que la autonomía de un título de crédito sirve para que al circular, el nuevo adquiriente al que se le transmitió el título, este, (el documento) sea independiente de su origen y no afecte al tenedor, ello generaría inseguridad jurídica al firmante del título de crédito, establecido en el artículo 16 constitucional, que es un derecho humano que trasciende su esfera jurídica, afectando el principio de buena fe que debe de darse en el comercio, conforme se establece en el artículo 6 bis del Código de

142 Ibídem, p. 48.

Comercio, puesto que, las excepciones que pudiera oponer contra el tenedor disminuyen, limitándose su derecho a la defensa, por lo que la autonomía de los títulos de crédito no resulta aplicable en México, sobre todo si la misma legislación otorga la acción causal una vez prescrita la acción cambiaria directa.

Del examen anterior se advierte que, de negarse la autonomía a los títulos de crédito sería ir en contra de la circulación de estos, pero no es así; un título de crédito cuyo origen es una transacción mercantil, sirve solo y únicamente para garantizar ese contrato, si el documento circula, el tenedor tendría que ir en contra de quien se lo dio y no del suscriptor.

Como señala Sánchez Calero citado por Castrillón y Luna "El derecho incorporado es autónomo en el sentido de que, cuando se transmite el título corresponde al nuevo adquiriente un derecho que es independiente de las relaciones de carácter personal que hubieran podido existir entre los anteriores titulares y el deudor; siempre que haya existido buena fe"[143].

Lamentablemente en México, el principio de buena fe es muy escaso en las personas, y la transmisión de un título de crédito para el nuevo adquiriente, seguramente se le transmitió de otra transacción mercantil que realizó, pues es común en la costumbre mercantil, por lo tanto, a quien corresponde demandar sería a quien se lo dio y no a su suscriptor.

Históricamente, la autonomía de los títulos de crédito tiene como antecedente el principio de la inoponibilidad de excepciones personales del suscriptor contra el tenedor del documento, cuya autonomía sirve hoy de fundamento.

Lo que nos lleva a afirmar que la autonomía es solo para el adquiriente en la transmisión del documento o poseedor de este, no para el suscriptor, por lo que podemos concluir que el suscriptor

---

143 Castrillón y Luna, Víctor M. Títulos de Crédito. Editorial Porrúa México 2002, p. 65.

también se le debe de aplicar la autonomía de los títulos de crédito, pues resulta ser ajeno a la relación de quien transmitió el documento con el ultimo tenedor.

Así pues, contrario a la tesis de Vivante, en nuestra realidad, los documentos crediticios que circulan en México, la mayoría se firman por una transacción comercial, bien sea de préstamo, de compraventa, de comisión etc., esto es, proceden casi siempre de un contrato, un convenio o una transacción anterior a la firma del documento.

Penosamente como ya lo mencioné, en México, el principio de buena fe en el comercio no abunda entre los comerciantes, enfrentándose el suscriptor del documento a una serie de obstáculos procedimentales que trastocan el artículo 17 constitucional, como la igualdad entre las partes, establecido en su párrafo tercero, pues como lo he mencionado, no hay paridad de armas en el juicio, generando un desequilibrio procesal.

Por lo tanto, no resulta aplicable la tesis de Vivante en nuestra legislación mercantil mexicana, al contraponerse la autonomía de los títulos de crédito con la acción causal, ya que, al contestar la demanda en la acción cambiaria directa, el demandado no puede excepcionarse argumentando la firma de un contrato del cual dio origen o surgió el título de crédito, pues los tribunales aplicaran esta tesis de la autonomía de los títulos de crédito, cuando en la realidad y en la práctica existe un acto jurídico subyacente.

Lo anterior fue corroborado por los Tribunales Colegiados de Circuito en Materia Civil de la ciudad de México, al señalar en sus sentencias, que "los pagarés no son autónomos, pues dependen del Contrato que les dio Origen". Me permito transcribir un extracto de una sentencia dictada en los autos del amparo directo 1919/96 del Noveno Tribunal Colegiado en Materia Civil del Primer Circuito de la Ciudad de México[144].

---

144 https://sjf2.scjn.gob.mx/busqueda-principal-tesis. Consulta 4/07/2024.

"El Régimen jurídico del préstamo bancario exige la existencia del contrato escrito y los pagarés, como en el caso, nunca podrán ser independientes, sino que siempre serán cárceles o nexo causal del contrato que derivan"

"En estas condiciones se colige que los documentos base de la acción, no son autónomos y si dependientes del contrato que les dio origen". "Son fundados los conceptos de violación hechos valer por el quejoso, dado que los documentos base de la acción no son autónomos y si dependientes del contrato que les dio origen, motivo por el que al actor correspondía aportar como documento base de su demanda, el contrato en el que consta al crédito otorgado a los ahora quejosos"

Mas sin embargo este criterio contendió en la Contradicción de tesis N° 24/97, en octubre de 1999, de donde surgió la Jurisprudencia titulada: "Títulos de Crédito. Diferencia entre la Autonomía y la Abstracción". Dictada por la Primera Sala de la Suprema Corte de Justicia de la Nación. La cual establece:

> La desvinculación de un título de crédito de la causa que le dio origen, no se traduce en un problema de autonomía, sino de abstracción. Mientras que aquélla importa la existencia de un derecho originario, es decir, desvinculado de la posición jurídica de sus anteriores portadores, la segunda desvincula al documento de la relación causal. Por virtud de la autonomía el poseedor de buena fe es inmune a las excepciones personales oponibles a los anteriores poseedores. En razón de la abstracción, en cambio, no pueden ser opuestas al tercer portador las excepciones derivadas de la relación causal. De lo expuesto se sigue que tratándose de pagarés quirografarios que no han circulado, la autonomía no comienza a funcionar; y la abstracción se atenúa, en razón de que el demandado puede oponer al actor las excepciones que tuviera contra éste, en términos del artículo 8°., fracción XI, de la Ley General de Títulos y Operaciones de Crédito, lo que no impide que ese título baste, sin necesidad de otro documento, para intentar la acción cambiaria respectiva[145].

145 https://sjf2.scjn.gob.mx/detalle/tesis/193208. Consulta 4/07/2024.

Por otro lado, la misma Primera Sala, establece otra Jurisprudencia en Contradicción de Tesis N° 535/2019 el 27 de mayo de 2020, con el título: "Acción Causal. Cuando Se Ejerce Por Haberse Extinguido La Acción Cambiaria, Debe Atenderse A Las Obligaciones Consignadas En El Negocio Jurídico Subyacente, Con Independencia De Lo Pactado En El Título De Crédito", que señala:

> Los Tribunales Colegiados contendientes que conocieron de los juicios de amparo directo respectivos sostuvieron criterios distintos, al determinar que si cuando se ejerce la acción causal derivada del artículo 168 de la Ley General de Títulos y Operaciones de Crédito se debe atender a la literalidad de lo pactado en el título de crédito, o a las obligaciones consignadas en el contrato que le dio origen. Al respecto, se estima que cuando ha cesado la posibilidad de instaurar la vía privilegiada (cambiaria directa) y se ejerce la acción causal, en caso de haber discrepancias entre lo pactado en el contrato y el contenido del título de crédito, debe atenderse a las obligaciones consignadas en el negocio jurídico subyacente, con independencia de lo pactado en el título valor. Se considera así, en tanto que la acción causal a que se refiere el precepto indicado tiene como sustento la relación jurídica subyacente, donde la materia de prueba se centra en la demostración de los hechos orientados a revelar el negocio que dio como consecuencia la suscripción del título de crédito, de manera que en ese tipo de acciones ya no puede acudirse a la literalidad del título de crédito cuando en él se contengan aspectos discrepantes respecto del contrato originario, dado que al tratarse de la acción causal, se debe atender a los pactos adquiridos en las cláusulas del negocio causal, porque la obligación que se exige al demandado no deriva del título de crédito, sino del acuerdo de voluntades que originó la suscripción del título. De modo que en el ejercicio de la referida acción, la naturaleza de ésta ya no abarca al contenido literal del título de crédito con el cual se documentó la obligación, sino a lo pactado en el contrato de origen, de manera que si difieren los términos de algún concepto principal o accesorio entre lo pactado en el título de crédito y en el negocio subyacente, deberá prescindirse del primero –título valor– y atenderse sólo al segundo –negocio jurídico subyacente–, porque la acción ejercida no es la cambiaria directa, sino la causal.

De lo anterior, se desprende la contradicción existente de la misma Sala, al reconocer la existencia de un negocio subyacente a la firma del título de crédito, quedando en entre dicho la autonomía del título, pues, cuando al poseedor de documento aún y cuando este haya circulado, le prescribe la acción cambiaria, tendrá que ejercitar la acción causal en la que forzosamente hay que demostrar el negocio jurídico que dio origen al documento, existiendo por tanto una contradicción normativa, que la convierte en una antinomia. De lo que podríamos decir que es una antinomia jurisprudencial.

De lo que se concluye que existe un reconocimiento expreso de una causa que dio origen al documento por parte de la Corte, lo que pone en evidencia la autonomía de los títulos de crédito en nuestra legislación, pues pasa a ser esta una inmunidad procesal para el ultimo tenedor y un desequilibrio de igualdad ante la ley.

Resultando de igual manera una situación en desventaja para el suscriptor del documento, pues, si se le demanda la acción cambiaria directa, no puede interponer excepciones personales, pero si se demanda la acción causal, si puede interponer todo tipo de excepciones, lo que nos lleva a concluir que, en una acción no se permite la interposición de acciones personales y en otra acción si, constituyendo por tanto una antinomia jurídica.

TEORÍA DE LA CAUSA

La doctrina de la causa es un tema que constituye un punto central en la teoría general de las obligaciones, y un capítulo importantísimo en la de los títulos valores, tanto por su propia significación como por su estrecha conexión con conceptos fundamentales como los de literalidad y autonomía[146].

---

146 Rodríguez Rodríguez Joaquín. Tomo I. Derecho Mercantil. Editorial Porrúa. México 1992, p. 262.

La doctrina coincide en afirmar que no hay obligación sin causa, es unánime la afirmación de que todas las obligaciones tienen un elemento causal[147].

En diversas legislaciones, encontramos el tema de la causa dentro de una relación jurídica con distinta denominación, así, podemos leer la de motivo, objeto, origen, etc. En la Ley General de Títulos y Operaciones de Crédito, encontramos en el artículo 168 lo siguiente: ***si de la relación que dio origen a la emisión o trasmisión de la letra*** *se deriva una acción, esta subsistirá a pesar de aquellas, a menos que se pruebe que hubo novación.*

Esto es, existe un reconocimiento expreso en nuestra legislación de que todo documento crediticio tiene su origen en una causa o deriva de esta, por lo que no puede considerarse plenamente autónomo. Si bien, se consideró dar autonomía al título de crédito para el efecto de que estos pudieran circular en el comercio, ello no priva al mismo de que su origen sea un contrato mercantil, y, por tanto, si al tenedor último del título de crédito se le da ese privilegio de la autonomía, de igual manera debe de darse la misma oportunidad al suscriptor de alegar una casusa y, por ende, poder presentar excepciones personales.

Resultando que, al existir la autonomía de los títulos de crédito reconocida en la legislación, también existe la acción causal señalada en el artículo 168 tercer párrafo de la Ley General de Títulos y Operaciones de Crédito, cuya premisa mayor es probar la causa que dio origen al nacimiento de un título de crédito, lo que se contrapone con la teoría de la autonomía de los títulos de crédito, por lo que nos preguntamos, ¿de qué sirve aplicar una teoría autónoma de los títulos de crédito, cuando está prevista en la legislación una acción causal para el cobro de un título de crédito?

En consecuencia, resulta un conflicto normativo dentro de la propia legislación ya mencionada, al aceptar por un lado la autono-

---

147 Ídem.

mía de un título de crédito y posteriormente reconocer la causa que da origen al mismo.

Por causa se entiende lo que se considera como fundamento u origen de algo, motivo o razón para obrar[148].

Eugene Pettit señala que en el derecho romano se daba varias acepciones a la palabra causa, se le empleaba para designar la fuente misma de las obligaciones, y aludía a las formalidades que debían ser añadidas a las convenciones para que ciertos contratos se perfeccionaran[149].

En este sentido, la causa implica la idea de que alguien se obliga o lo hace ante la perspectiva de la contraprestación que recibirá; es el motivo que induce a celebrar un acto, la finalidad directa e inmediata que se persigue en la celebración de un acto jurídico[150].

Existe una polémica en torno a la necesidad de que exista una causa en los negocios jurídicos, llegando al extremo de que, si no existe causa, la obligación queda privada de todo efecto, situación que fue aceptada en el Código napoleónico[151].

Con arreglo a la teoría de la causa, deben distinguirse tres elementos en la emisión de los títulos valores. El primero es el implicado por la existencia de una relación fundamental que toma la forma de contrato[152].

El segundo está representado por aquella convención en virtud de la cual, las personas que intervienen en la relación fundamental, acuerdan la emisión de un título valor como consecuencia de aquella relación fundamental. Esta convención es la que en la técnica que seguimos se denomina convención ejecutiva o *pactum* de cambio[153].

---

148 Diccionario de la Real Academia Española Tomo II. Madrid 1970, p. 282.

149 Pettit Eugene. Derecho Romano. Editorial Porrúa. México 1982, p. 332.

150 Turcott Cárdenas Augusto. Revista de la Facultad de Derecho Unam. N° 239. México 2013, p. 220 en www.juridicas.unam.mx. Consulta 4/07/2024.

151 Ibídem, p. 218.

152 Rodríguez Rodríguez Joaquín. Tomo I. Derecho Mercantil. Editorial Porrúa. México 1992, p. 263.

153 Ídem.

En tercer lugar, tenemos el negocio cambiario en sentido estricto y que se concreta en las declaraciones negóciales unilaterales no recepticias contenidas en el título valor[154].

En esta doctrina, la causa en sentido técnico es el *pactum* de cambiando, en tanto que la relación fundamental no es sino el motivo determinante de la emisión[155].

Ahora bien, si el documento crediticio ha circulado y por alguna circunstancia se prescribe la acción cambiaria, tendrá el tenedor ultimo que demandar la acción causal, en la que tendrá que demostrar el negocio que dio origen al título de crédito, luego entonces me pregunto, ¿en dónde está la autonomía de los títulos de crédito?, si en esta acción prevista en nuestra legislación, la base es demostrar el negocio que le dio origen al documento, lo cual comprueba la inaplicabilidad de la autonomía de los títulos de crédito y la contradicción normativa que deviene en una antinomia.

En base a lo anterior podemos afirmar que, todo título de crédito tiene una causa que le dio su origen y que por tanto no es autónomo, aun en el supuesto de la circulación, ya que, si lo accesorio sigue la suerte de lo principal y lo principal es el contrato que da origen al título de crédito y no el propio título, el título tendrá que seguir al contrato, aun y este haya circulado. Lo que convierte al tenedor último en un viacrucis dentro del procedimiento mercantil para demostrar la causa que le dio origen al documento cuando este ha circulado infinidad de veces y ya ha prescrito la acción cambiaria directa.

De ahí que la causa debe de ser aplicada a los títulos de crédito, y al ser aplicada implica que carezcan de autonomía, por tanto, la teoría de la autonomía de los títulos de crédito resulta contradictoria, en el que la buena fe en el comercio dista mucho de aplicarse, pues es innegable que, cuando hacemos una transacción mercantil, lo hacemos con la confianza en que se va a cumplir, puesto que, de

154 Ídem.

155 Ob. Cit Rodríguez, p. 263.

alguna u otra manera actuamos de buena fe, esperando el cumplimiento del pago.

De igual modo, la teoría de la confianza se preocupa ante todo por proteger al destinatario de la promesa de pago. Las teorías que explican la obligación contractual como una forma de proteger la confianza del destinatario de la promesa de pago, tiene la aparente virtud de explicar por qué las personas pueden quedar vinculadas por el sentido común de sus palabras, independientemente de sus intenciones[156].

Por tanto, la confianza debe de tener la prioridad sobre la intención, puesto que, estamos en el entendido que quien firma un título de crédito, su intención es pagar y cumplir, de ahí surge el principio de buena fe[157].

Pero todo contrato con fines mercantiles tiene una particular circunstancia que los diferencia de los demás, y consiste en la buena fe que debe de existir entre los comerciantes y se establece por el mero hecho de ser comerciantes y la convivencia mercantil, independientemente de la competencia que se da entre ellos, no debe de pasar desapercibida la honradez, la rectitud y la honestidad, pues de lo contrario afecta la libertad de comercio, lo que lleva implícito que al transmitirse el título de crédito, se actúa de buene fe en el futuro cumplimiento de pago.

---

156 Randy E. Barnett. La Teoría Consensual del Contrato. Buenos Aires, Revista Lecciones y Ensayos. Facultad de Derecho Universidad de Buenos Aires N° 82. Buenos Aires Argentina 2006, p. 131.

157 Si bien la literatura está repleta de sugerencias acerca del "principio de la confianza" nunca se presenta una teoría exhaustiva del contrato basada en la confianza. Este enfoque se encuentra presente en el trabajo de Gilmore. *Tlle DeariJ Contrae!* Véase. por ejemplo. GILMORE. G. *The Deal lJ* f~(*Contrae!* 71-72, 88 (1974). Atiyah parece requerir una teoría de la confianza. Aunque él también reconoce que la ··creación y extinción voluntaria de derechos y responsabilidades debería seguir siendo uno de los "pilares del derecho de las obligaciones".

Así que, puede entenderse que la autonomía resulta respecto al anterior tenedor del documento, pues el primer tenedor ya no tendrá ninguna obligación con el ultimo adquiriente, rompiéndose el principio de buena fe en el comercio, pero en la práctica, se demanda al suscriptor o firmante del título crediticio, que nada tiene que ver con el actor del juicio, ni con el contrato con el que a través del título de crédito que ha circulado se garantizó el pago. Al respecto Cervantes Ahumada señala:

> "Lo que debe decirse que es autónomo (desde el punto de vista activo) es el derecho que cada titular sucesivo va adquiriendo sobre el título y sobre los derechos en él incorporados, y la expresión autonomía indica que el derecho del titular es un derecho independiente, en el sentido de que, cada persona que va adquiriendo el documento, adquiere un derecho propio, distinto del derecho que tenía o podría tener quien le transmitió el título".

Por lo tanto, todo título de crédito tiene su origen en una causa, por la cual surgió a la vida jurídica económica y no se debe confundir la independencia con la autonomía de este. Continúa diciendo Cervantes Ahumada que:

> "Así entendemos la autonomía desde el punto de vista activo; y desde el punto de vista pasivo, debe entenderse que es autónoma la obligación de cada uno de los signatarios de un título de crédito, porque dicha obligación es independiente y diversa de la que tenía o pudo tener el anterior suscriptor del documento..." la primera firma que estampe una persona capaz, será suficiente para crear una obligación cambiaria, autónoma y distinta de las obligaciones que pudieron tener los anteriores signatarios"[158].

Lo anterior se desprende de nuestra legislación mexicana, que se limita a determinar que a quien adquiera de buena fe un título de crédito, no puede oponérsele las excepciones que habría podido

---

[158] Cervantes Ahumada, Raúl. Títulos y Operaciones de Crédito, 6ª edición Editorial Herrero. México 1988, p. 12.

ser opuestas a un anterior tenedor del documento, esto dispuesto en el artículo 8[159] y 167 de la Ley General de Títulos y Operaciones de Crédito.

Luego entonces, después de haber circulado el documento y en su caso de haber prescrito la acción cambiaria, tendrá que demandarse la acción causal establecida en el tercer párrafo del artículo 168[160] de la ley antes citada, lo que supone la no existencia de la autonomía del título de crédito.

---

159 Contra las acciones derivadas de un título de crédito, sólo pueden oponerse las siguientes excepciones y defensas:

I.- Las de incompetencia y de falta de personalidad en el actor;

II.- Las que se funden en el hecho de no haber sido el demandado quien firmó el documento;

III.- Las de falta de representación, de poder bastante o de facultades legales en quien subscribió el título a nombre del demandado, salvo lo dispuesto en al artículo 11;

IV.- La de haber sido incapaz el demandado al suscribir el título;

V.- Las fundadas en la omisión de los requisitos y menciones que el título o el acto en él consignado deben llenar o contener y la ley no presuma expresamente, o que no se hayan satisfecho dentro del término que señala el artículo 15;

VI.- La de alteración del texto del documento o de los demás actos que en él consten, sin perjuicio de lo dispuesto en el artículo 13;

VII.- Las que se funden en que el título no es negociable;

VIII.- Las que se basen en la quita o pago parcial que consten en el texto mismo del documento, o en el depósito del importe de la letra en el caso del artículo 132;

IX.- Las que se funden en la cancelación del título, o en la suspensión de su pago ordenada judicialmente, en el caso de la fracción II del artículo 45;

X.- Las de prescripción y caducidad y las que se basen en la falta de las demás condiciones necesarias para el ejercicio de la acción;

XI.- Las personales que tenga el demandado contra el actor, y

XII.- La Declaración Especial de Ausencia de quién firmó, en los términos que la legislación especial en la materia establezca.

160 Si la acción cambiaria se hubiere extinguido por prescripción o caducidad, el tenedor sólo podrá ejercitar la acción causal en caso de que haya ejecutado los actos necesarios para que el demandado conserve las acciones que en virtud de la letra pudieran corresponderle.
Artículo reformado DOF 31-08-1933

Existiendo por lo tanto una contradicción en nuestra legislación procesal mercantil, puesto que, si bien se acepta la autonomía de un título de crédito, también lo es que acepta la acción causal, esto es, que el documento crediticio tiene un origen subyacente que dio causa a su firma, restando en este caso cualquier autonomía, lo que nos puede llevar a una antinomia jurídica.

CONCLUSIONES

PRIMERA. - La teoría de la autonomía de los títulos de crédito es una teoría inaplicable tanto en nuestra legislación como en la costumbre mercantil, puesto que todo título de crédito se produce o toma vida por una causa u origen, esto es, no son autónomos, no pueden surgir a la vida jurídica así porque sí, existe siempre una causa que les da origen, por tanto, es necesario suprimir de la legislación positiva la autonomía de los títulos de crédito, de lo contrario condenamos al Derecho Procesal a ser inoperante y carente de sentido justo, pasando a ser un invitado de piedra al momento de resolver conflictos, pues no solo genera confusión, sino que produce contradicciones innecesarias en la vida jurídica.

SEGUNDA. - Ahora bien, limitar el derecho a la defensa en base a la teoría de la autonomía de los títulos de crédito, impidiendo la interposición de excepciones personales contra el ultimo tenedor del documento, es violatorio de derechos humanos, puesto que la defensa en un procedimiento no debe de tener limitación alguna, sostener lo contrario es atentar no solo contra la igualdad y equidad procesal, restando equilibrio entre las partes, sino que resta a una defensa adecuada, lo que inclusive desconcierto en los litigantes.

Por lo tanto, si se aplica esta teoría autonómica para el ultimo tenedor del título de crédito cuando este ha circulado, de igual manera debe de aplicarse al suscriptor, porque este es ajeno a la relación jurídica existente entre quien dio el documento al último tenedor y este; solamente así daremos igualdad de armas a ambas partes ante un conflicto procesal.

TERCERA.- Al tener reconocido en nuestra legislación mercantil la autonomía de los títulos de crédito, pero aceptada también la acción causal, se presenta un conflicto normativo que establece una antinomia, pues al pertenecer a un mismo sistema jurídico, ambas tienen consecuencias jurídicas incompatibles, dado que, primero se acepta la plena autonomía de un títulos de crédito y posteriormente si la acción cambiaria directa prescribe, entonces es admitida la acción causal, teniendo que demostrar el negocio subyacente que dio origen al documento, en esa tesitura, existe una contradicción normativa, puesto que se acepta implícitamente una causa que da origen al documento crediticio, aunque a la vez se reconoce su autonomía.

Si bien es común que criterios de la Suprema Corte de Justicia de la nación han cambiado, de manera tal que, lo que antes se apreciaba de una manera, hoy se concibe de otra, así, es necesario que se realice una nueva postura en el tratamiento de este tema, para superar una teoría que como se ha señalado resulta contradictoria, pues con los criterios sostenidos al respecto, se da una antinomia jurisprudencial.

Capítulo Segundo
Colisiones constitucionales

Más de un autor ha señalado la incompatibilidad de varios preceptos en la Constitución mexicana, entre ellos José Manuel Lastra Lastra, quien lo ha señalado como imprecisiones legislativas, poniendo como ejemplo el artículo 121 el cual establece: "En cada entidad federativa se dará entera fe y crédito de los actos públicos, registros y procedimientos judiciales de todas las otras". Y en su fracción I señala: **I.** "Las leyes de una entidad federativa sólo tendrán efecto en su propio territorio y, por consiguiente, no podrán ser obligatorias fuera de él". Preguntándose: ¿cómo puede tener eficacia un acto jurídico o procedimiento de otro Estado de la República?[161]Si la propia Constitución señala el efecto que deben tener y por otro lo niega, existiendo por tanto una contradicción normativa fundamental que chocan entre sí.

Es incuestionable la necesidad del estudio de la norma constitucional[162] para analizar las colisiones que se presentan, sobre todo en constituciones como la mexicana en la que cada día se agregan reformas y por consiguiente, más derechos, competencias, facultades, obligaciones y procedimientos, lo que lleva a una volatibilidad de este ordenamiento ocasionando colisiones.

A decir de Jesús Casal, dentro de la norma constitucional existen colisiones, esto se da por el reconocimiento de los derechos humanos y su protección por el Estado[163], cuya normatividad es interna-

---

161 Lastra Lastra José Manuel. Derecho a la lengua y lenguaje jurídico. En https://archivos.juridicas.unam.mx/www/bjv/libros/2/740/5.pdf, p. 11. Consulta 11/05/2024.

162 Valadés Diego. Senderos Constitucionales. Boletín Mexicano de derecho comparado, vol. LI, núm. 151. Instituto de Investigaciones Jurídicas Unam. México 2018, p. 363.

163 Casal H. Jesús M. Las Colisiones Constitucionales y su resolución. En la Ciencia del Derecho Procesal Constitucional. Eduardo Ferrer Mac-Gregor y Aturo

cional, y ha sido plasmada en la Constitución, aunque en la mexicana, existen derechos que aun no siendo considerados humanos o fundamentales, son derechos constitucionales y procedimentales, que, por la multiplicidad de estos, provoca más de una colisión.

"Una de las tesis centrales de la teoría del Derecho contemporáneo es la que sostiene que las normas constitucionales que reconocen derechos fundamentales, debido a su peculiar estructura, lógica, tienden a colisionar con otras normas constitucionales que reconocen derechos humanos o intereses colectivos"[164].

La aplicabilidad cada día mayor de la Constitución en la vida cotidiana por los derechos ahí establecidos y su garantía procesal de hacerlos valer y respetarlos, ha ocasionado colisiones constitucionales entre derechos ahí creados, al momento que los jueces tiene que aplicarlos, y en ocasiones decidir entre uno y otro.

Las colisiones constitucionales son una manifestación de los conflictos entre normas jurídicas[165] y entre derechos ahí reconocidos, que produce choque entre estos.

Esta colisión de derechos es la concurrencia de varios, de tal manera que el ejercitado por una persona excluye o modifica al de otra[166].

"Las colisiones constitucionales no plantean simplemente un problema interpretativo, sino más bien una auténtica confrontación entre normas o bienes constitucionales, que deben ser primeramente atendida en la legislación"[167].

Zaldívar Leo de Larrea (Coordinadores) T. VI. Instituto de Investigaciones Jurídicas Unam. Editorial Marcial Pons. México 2008, p. 175.

164 Cabra Apalategui José Manuel. Sobre supuestos conflictos de derechos en Argumentación Jurídica y conflictos de Derechos. Directores José Antonio García Amado y José Antonio Sedín Mateos. Editorial Tirant Lo Blanch Valencia España 2021, p. 217.

165 Ibídem, p. 177.

166 Arroyo Ramírez Miguel. Enciclopedia Jurídica latinoamericana. Instituto de Investigaciones Jurídicas Unam. Editorial Porrúa. T. II México 2006, p. 325.

167 Casal H. Jesús M. Las Colisiones Constitucionales y su resolución. En la Ciencia del Derecho Procesal Constitucional. Eduardo Ferrer Mac-Gregor y Artu-

Esto es, hay algo previsto en la norma constitucional y distinto en su interpretación, al influir aspectos culturales, económicos, políticos y sociales[168], en suma, una inadecuación entre lo dispuesto en la norma constitucional y lo aplicado, generando no solo desconcierto, sino inseguridad jurídica, que produce que no siempre se aplique o en su defecto se aplique mal.

Es común que la colisión constitucional aflore en casos concretos, esto es, cuando hay que aplicar la norma en cuestión, y una manera de disiparla es considerar "a una de ellas como especialmente dirigida a realizar ciertas situaciones que en principio estarían comprendidas en el ámbito normativo de la otra". Por lo que, debe de buscarse un esfuerzo armonizador de resolución de las colisiones[169].

En la medida que podamos identificar los factores que producen la colisión, podremos prevenirla y corregirla, determinando sus fallas, procesando toda la información que se tenga de la norma constitucional en cuestión, detectando el problema y uno de ellos es la redacción normativa, pues desde ahí se produce o se extingue.

"Una colisión constitucional no se produce sólo porque la letra de algún precepto choque con otro, ya que antes de afirmar la existencia de la colisión debe realizarse una tarea interpretativa dirigida a determinar lo que aquel realmente establece, lo cual no puede prescindir de la unidad de la Constitución"[170].

---

ro Zaldívar Leo de Larrea (Coordinadores) T. VI. Instituto de Investigaciones Jurídicas Unam. Editorial Marcial Pons. México 2008, p. 181.

168 Valadés Diego. Senderos Constitucionales. Boletín Mexicano de derecho comparado, vol. LI, núm. 151. Instituto de Investigaciones Jurídicas Unam. México 2018, p. 389.

169 Casal H. Jesús M. Las Colisiones Constitucionales y su resolución. En la Ciencia del Derecho Procesal Constitucional. Eduardo Ferrer Mac-Gregor y Arturo Zaldívar Leo de Larrea (Coordinadores) T. VI. Instituto de Investigaciones Jurídicas Unam. Editorial Marcial Pons. México 2008, p. 178.

170 Ibídem, p. 179.

Lo que nos lleva a pensar que pueden darse colisiones constitucionales, cuando una o más normas se contraponen con los valores que busca proteger la misma Constitución, pues como lo señala Jesús Casal, habría que buscar entonces la armonización de la norma, o será necesario identificar las premisas.

Tal vez, una de las formas en que pudiera solucionarse la colisión, es a través del control concentrado de constitucionalidad, en este modelo, se ejerce mediante un estudio directo del caso jurídico que afecta al contenido sustantivo de la Constitución, para declarar la invalidez de este y hacer que sus efectos cesen al interior del sistema jurídico. Ahora bien, incluir el juicio de ponderación jurídica dentro de uno de los medios de control de constitucionalidad, resulta una afectación a la finalidad de cada medio. Esto, puesto que la intención con la que se institucionalizó cada uno es diferente, y aunque tiene el mismo objetivo, mantener intangible la Constitución, su procedimiento, efectos y naturaleza jurídica son disímiles[171].

Si bien la corte mexicana no se ha atrevido a declarar la invalidez de un precepto constitucional, puesto que existe el principio de atentar contra la democracia, al surgir de un poder constituyente elegido mediante el voto popular, y que no puede existir una invalidez de una norma constitucional, sí, en tal caso, puede declarar una inconvencionalidad de un precepto de la carta magna atendiendo a principios de la Corte Interamericana de Derechos Humanos, en la que se tendrá en su caso reformar la disposición, recordemos que en la actualidad, los organismos internacionales que producen normas universales, tienden a influir en las constituciones a nivel global.

Por lo que es necesario conciliar el derecho internacional con el derecho constitucional, para armonizarlos a la nueva realidad de

---

171 Leticia Adela Mosqueda Ochoa, Martín Moreno Reynaga, Elizabeth Leticia Souza Mosqueda, El juicio de ponderación jurídica al seno de la administración de justicia en México, https://www.redalyc.org/jatsRepo/5138/513855742029/html/index.html, 08, junio, 2018.

normas extraterritoriales[172], que, por supuesto establecen derechos, algunos tal vez no incluidos en la Constitución.

Ahora bien, debido a la amplitud del orden constitucional, las cuales comparten el mismo nivel jerárquico, pueden presentarse supuestos donde, dos o más de estas normas constitucionales pretendan validez para un mismo caso. Es precisamente, allí donde se presenta una colisión constitucional[173].

Este choque afecta al procedimiento al momento de juzgar, sobre todo en materia del juicio de amparo, puesto que, enfrenta el juzgador aplicador del derecho cual norma constitucional será la correcta en el caso concreto a juzgar o cual interpretación se le dará al precepto normativo fundamental en que se base su resolución.

Estas colisiones constitucionales están reconocidas de alguna manera en el artículo 133 de nuestra Constitución al establecer:

> Esta Constitución, las leyes del Congreso de la Unión que emanen de ella y todos los tratados que estén de acuerdo con la misma, celebrados y que se celebren por el Presidente de la República, con aprobación del Senado, serán la Ley Suprema de toda la Unión. Los jueces de cada entidad federativa se arreglarán a dicha Constitución, leyes y tratados, a pesar de las disposiciones en contrario que pueda haber en las Constituciones o leyes de las entidades federativas.

Lo que implica que pueda existir disposiciones constitucionales estatales que permitan lo que la Constitución general prohíbe, o derechos que choquen con los ya establecidos en la Ley Fundamental de la República.

---

172 Prado Maillard José Luis. Hacia un nuevo constitucionalismo. Editorial Porrúa. México 2006, p. 116,117.

173 Federico de Fazio, Sistemas normativos y conflictos constitucionales ¿es posible aplicar los derechos fundamentales sin ponderar?, http://www.scielo.org.mx/scielo.php?script=sci_arttext&pid=S1405-02182014000100009. Consultada 2/04/2024.

Todo esto ha provocado la pugna de derechos establecidos en la Constitución, como menciona Bobbio, los derechos colisionan, entre ellos los derechos fundamentales, surgiendo antinomias entre distintos tipos de derechos[174].

"La colisión entre derechos solo se puede dar cuando estos están determinados de forma muy específica; es decir, en forma de reglas", donde una de estas normas deberá prevalecer sobre la otra, pero hablar de colisiones entre derechos redactados en forma genérica o basados en principios es un sofisma, ya que no están determinados por completo[175].

Por lo que, como ya lo he manifestado, la redacción de una norma debe de estar lo suficientemente clara para que no quepa la interpretación, esto es, especificar de manera muy concreta la composición de la regla y evitar así una antinomia o en su caso una colisión constitucional.

INTERPRETACIÓN DE LA NORMA CONSTITUCIONAL

Una de las interpretaciones más importantes de todo sistema jurídico es la de la norma constitucional, no solo por ser la norma fundamental, sino que, en ellos, se tutelan los derechos más preciados de todo un pueblo, por lo que su interpretación pasa a ser una actividad de mayor significación en la aplicación del derecho.

La interpretación jurídica es todo un proceso complejo al darse múltiples análisis de una norma, tratando en ocasiones de resolver un conflicto entre estas, que nos lleva al estudio de cada palabra,

---

174 Bobbio Norberto. El tiempo de los derechos. Editorial Sistema. Madrid 1991, p. 57.

175 Santiago Juárez Mario. ¿Colisión de derechos fundamentales o enfrentamiento de aspiraciones? El Estado Constitucional y derechos fundamentales. Coordinadores Javier Mijangos González y Ricardo Ugalde Ramírez. Editorial Porrúa. México 2010, p. 441

cada enunciado para buscar su alcance, buscando inclusive la intención del legislador.

Es tal su envergadura, que con la apreciación y sentido que pudiera dársele, depende en mucho el control de la constitucionalidad, de las leyes secundarias como la tutela de los derechos fundamentales de las personas y las decisiones que un juzgador plasma en la sentencia, por lo que, la interpretación y análisis que debe de darse a la Constitución, ha de ser con carácter científico, velando siempre por los derechos humanos, esto es, debe de prevalecer en la interpretación constitucional la protección de los derechos humanos, privilegiando esto cuando haya una contradicción en la Constitución, debiendo de prevalecer el derecho de acción para dar las garantías procesales de que el derecho constitucional o humano violado sea resarcido, cuestión que lamentablemente no se prioriza en materia de amparo.

Uno de los temas más interesante del derecho constitucional, es la interpretación de la ley suprema en la que intervienen innumerables elementos que impactan en su aplicación[176].

> La interpretación de la Constitución constituye una forma de creación o cambio normativo sin modificación del texto[177].

La Constitución, como toda norma jurídica, puede ser interpretada de acuerdo con los principios con que se interpreta los preceptos de las otras ramas del derecho, pero la especialidad de la norma constitucional hace que existan además reglas especiales para su interpretación como factores políticos, históricos, sociales y económicos[178]. Debiéndose de agregar el factor individuo, en re-

---

176 Carbajal Juan Alberto. Teoría de la Constitución. Editorial Porrúa. México 2006, pp. 143,144.

177 Fernández Cruz José Ángel. La interpretación conforme con la Constitución: Una aproximación conceptual. Revista Ius et Praxis. Universidad de Talca Chile, vol. 22, núm. 2, 2016, p. 153.

178 Carpizo Jorge. Estudios Constitucionales. Editorial Porrúa. 5ª. Edición. México 1996, pp. 59, 60.

lación con los derechos humanos y el democrático, que nos lleve a un Estado Constitucional.

Ahora bien, dependiendo el artículo, será el factor para aplicar en la interpretación, pues en los artículos referentes a los poderes de la unión, su interpretación deberá de ser en su mayoría política, en cuanto a los artículos de índole económica y comercial, o el área financiera, el factor interpretativo deberá de ser económico y así sucesivamente, dependiendo la razón de ser del artículo en particular, será el elemento a aplicar, esto es, influyen factores políticos, sociales, económicos, internacionales etc.

"La interpretación es una tarea destinada a esclarecer, a poner en claro los dichos de una norma que se va a emplear; significa desentrañar el contenido que el texto tiene con relación a los hechos donde se utiliza"[179].

La interpretación jurídica nos lleva a uno de los grandes problemas de la teoría del derecho, puesto que es uno de los temas que trascienden, por la forma de ver el derecho de manera individual, que encierra criterios personales de quien la realiza[180], lo que nos lleva en la mayoría de las ocasiones a generar antinomias, causadas por una interpretación desigual.

> La interpretación constitucional reviste especial importancia, porque a través de ella se puede cambiar el significado gramatical de la ley suprema. La interpretación puede modificar, anular o vivificar la Constitución. Puede hacer que el sistema agonice o resplandezca.
>
> Quien tiene la facultad de interpretar la ley suprema, puede hacer que se viva un sistema de libertad o de opresión. Puede ampliar su significación con el objetivo de que se consiga en forma plena la libertad o pude restringir ese alcance[181].

179 Gozaíni Osvaldo Alfredo. Elementos de Derecho Procesal Civil. Editorial la Ley Buenos Aires Argentina 2002, p. 31.

180 Ibídem, p. 139.

181 Carpizo Jorge. Estudios Constitucionales. Editorial Porrúa. 5ª. Edición. México 1996, p. 61.

Ahora bien, debemos de buscar un método de interpretación de las normas constitucionales, o como dice el Maestro Mario De la Cueva[182] un procedimiento para desentrañar su contenido, que no debe de dejarse solo a la intención del constituyente o en su caso del legislador.

La interpretación constitucional se ha ido transformando en una labor técnica muy alta en la que es necesario poseer sensibilidad jurídica, política y social[183].

No todos los artículos de la Constitución necesitan de una interpretación, pues existen algunos demasiado claros que resulta innecesario interpretarlos, no obstante, tanto Juzgadores, Magistrados como Ministros de la Suprema Corte, interpretan artículos aun siendo estos demasiado precisos.

Sin embargo, en algunos artículos es indispensable desentrañar su sentido, dada su construcción, que produce cierta complicación[184]. Lo que en estos casos son necesarios darles un discernimiento.

Lamentablemente, quien se encuentra en el poder político maneja a su antojo la Constitución y su interpretación, en ocasiones alterando el texto constitucional según le favorezca; en mi actividad de abogado postulante, platique un día con un decano de la judicatura quien me manifestó: "En los años que llevo de Juez, he aplicado diversas leyes y artículos constitucionales que son acordes a los intereses de quien gobierna"[185].

La ciencia jurídica se enfoca en tratar de evitar el manejo de la interpretación de la Constitución a favor de los intereses de unos cuantos o del grupo gobernante, buscando la forma de evitar el

---

182 De la Cueva Mario. Teoría de la Constitución, 1ª. Edición. Editorial Porrúa. México 1982, p. 67.

183 Fix-Zamudio Héctor. El Juez ante la norma constitucional. Revista de la Facultad de Derecho Unam. México 1965 tomo XV, núm. 57, p. 48.

184 Carbajal Juan Alberto. Teoría de la Constitución. Editorial Porrúa. México 2006, p. 140.

185 Prefirió el anonimato.

abuso del poder a través de la denuncia que hace en los textos publicados.

La interpretación constitucional representa una de las vertientes para lograr la efectividad de las disposiciones de carácter fundamental, es en el ordenamiento mexicano el instrumento jurídico más significativo, cuyos instrumentos procesales tienen una gran finalidad, al ser el arma de reintegración del orden constitucional[186].

Pero como señala Ricardo Guatini, las disposiciones constitucionales, como cualquier norma jurídica, aun la fundamental su interpretación puede ser equivoca, por lo que admiten más de una interpretación y, por consiguiente, toda interpretación diversa tendrá una connotación diferente[187].

Exponemos a continuación un problema no solo de interpretación en la Constitución de México, sino de aplicación:

Cuando hablamos de democracia, hablamos de elección, hablamos de representación, de poder, de soberanía. La Constitución Política de México, en su Artículo 39, establece que "La soberanía nacional reside esencial y originariamente en el pueblo. Todo poder público dimana del pueblo"; el Artículo 40 señala que "*Es voluntad del pueblo mexicano, constituirse en una república representativa, democrática, laica, y federal*" y, el Artículo 41, nos dice que *"El pueblo ejerce su soberanía por medio de los Poderes de la Unión"*. A saber, existen en México tres poderes: el Ejecutivo, el Legislativo y el Judicial, pero salta a la vista que, no obstante, lo establecido en los artículos antes descritos, sólo se elija a dos poderes y no a tres, a pesar de que el Artículo 94 de nuestra Carta Magna señale que *"Se deposita el Poder Judicial de la Federación en una Suprema Corte de Justicia"*. Y el artículo 95 de la misma establece que *"Para ser electo ministro de la suprema*

---

186 Ferrer Mac-Gregor Eduardo. Aportaciones de Héctor Fix-Zamudio al Derecho Procesal Constitucional. En Derecho Procesal Constitucional. T. I. Editorial Porrúa. México 2006, p. 211, 212, 213.

187 Guastini Ricardo. La Sintaxis del Derecho. Editorial Marcial Pons. Madrid España 2016, p. 256.

corte de justicia de la Nación...". Esto, nos hace pensar en que somos una democracia a medias, al sólo elegir a dos Poderes, o una democracia imperfecta. Si bien no existe una democracia perfecta, por lo menos debemos elegir a los tres Poderes que nos representan.

En base a lo anterior, por elección se entiende la posibilidad real que el elector tiene de optar libremente entre ofertas políticas diferentes y con la vigencia efectiva de normas jurídicas, que garanticen la libre elección, para determinar a la persona o personas a quien deben conferirse una representación o cargo en los órganos de gobierno[188].

Ahora bien, el Artículo 96 de nuestra Constitución señala que *"para nombrar a los ministros de la Suprema Corte de Justicia, el Presidente de la República someterá una terna a consideración del Senado, el cual, previa comparecencia de las personas propuestas, designará al ministro que deba cubrir la vacante"..." Si el Senado no resolviere dentro de dicho plazo, ocupará el cargo de Ministro la persona que, dentro de dicha terna, designe el Presidente de la República".*

Entonces, quedamos ante un problema conceptual, de falla legislativa, de semántica, o de interpretación, pues aun analizándolo con distintos enfoques estas tres palabras, no vienen a ser lo mismo; elegir, nombrar y designar, ni podemos decir que son tecnicismos, puesto que se contrapone un artículo con otro, esto es, o serán electos, se nombrarán o designarán; y ante esta situación debemos, o bien cambiar dichos artículos de nuestra Constitución, para, en el caso del Artículo 95, quitar la palabra "electo", y poner "ser", esto es: "para ser ministro de la Suprema Corte de Justicia de la Nación", y no: "para ser electo ministro de la Suprema Corte de Justicia de la Nación"; o bien, quitarle facultades al Presidente de nombrar una terna, y al Senado de designar, pues, aunque hay quienes han dicho que es una elección indirecta del Poder Judicial, como ya dijimos en líneas anteriores, de ser así, habría que modificar también el Ar-

---

188 Enciclopedia Jurídica Latinoamericana. T. V. Editorial Porrúa. México 2006, p. 53.

tículo 40 de nuestra Constitución, puesto que en este caso ¿a quién representan los ministros?, como respuesta diría, que a la propia Constitución.

En tanto que, por designación se entiende el señalamiento para realizar cierta actividad, es el signo que constituye a una propiedad, que equivale a un nombre comercial[189].

Designación del latín designatĭo. Este verbo refiere a señalar o destinar a alguien o algo para un fin**, a** indicar **o a** denominar. Una designación puede referirse a un cargo o puesto asumido por una persona. Cuando una autoridad designa a un sujeto para que asuma una responsabilidad, le está otorgando ciertas competencias en una determinada área[190].

Nombramiento, consiste en la designación directa, por parte de la autoridad administrativa, de la persona que actuará como funcionario o empleado público en el ejercicio de un cargo[191].

Se puede explicar el poder de nombramiento como la facultad atribuida al titular del órgano superior para designar discrecionalmente a sus colaboradores; en nuestro caso, el presidente de la República tiene la facultad de nombrar a los titulares de las dependencias de la administración pública centralizada, o sea, a los secretarios de Estado[192].

"A raíz de la construcción escalonada del orden jurídico, es que se plantea que unas normas, al no compatibilizar con la norma mayor, entra en conflicto y que requieren ser objeto de un control"[193]. Sobreviniendo frecuentemente con ello las antinomias.

---

189 Enciclopedia Jurídica Latinoamericana. T. IV. Editorial Porrúa. México 2006, p. 715.

190 https://definicion.de/designacion/ Consulta 8/04/2023.

191 http://www.enciclopedia-juridica.com/d/nombramiento/nombramiento.htm. Consulta 8/04/2023.

192 http://diccionariojuridico.mx/definicion/poder-de-nombramiento/. Consulta 8/04/2023.

193 Eto Cruz Gerardo. Un Artífice del Derecho Procesal Constitucional: Hans Kelsen. En Derecho Procesal Constitucional. Coordinador Eduardo Ferrer

Con la palabra "interpretación" nos referimos a veces a la atribución de significado a un texto (interpretación propiamente dicha), otras veces a eso que, a falta de algo mejor, llamaremos –utilizando una expresión de Rudolf Von Jhering– "construcción jurídica"[194]

Con la construcción jurídica podemos tener como resultado ya sea en la doctrina o jurisprudencia distintos tipos de levantamiento interpretativo de la norma que equivale a darle distintos sentidos, unos negativos otros positivos pero que impactan en los derechos.

Prieto Sanchis señala que:

> Como el derecho es dinámico, resulta perfectamente posible que existan contradicciones normativas, pero como al mismo tiempo, el derecho es también un sistema estático de modo que el contenido de sus normas no puede entrar en contradicción con otras superiores, y singularmente con la Constitución, resulta que la coherencia se convierte en un postulado esencial del sistema[195]

Una coherencia que dista mucho en un sistema donde abundan las leyes, códigos reglamentos etc., que se contradicen frecuentemente unos con otros, en ocasiones de manera involuntaria, pero que pone en predicamento al juzgador, cuando enfrenta su aplicación, sobre todo cuando se trata de encontrar el verdadero sentido de un artículo de la Constitución a través de su interpretación.

El sistema jurídico es indeterminado en el sentido que hay controversias sobre qué normas "existen", qué normas pertenecen al mismo o están vigentes dentro de este. Y esto depende de la equivocidad –"ambigüedad", si se quiere, pero en sentido amplio– de los textos normativos, es decir del hecho de que cada texto normativo

---

Mac-Gregor T. I. Editorial Porrúa México 2006, p. 89.

194 Guastani Ricardo. Interpretación y Construcción Jurídica, en http://www.scielo.org.mx/pdf/is/n43/n43a2.pdf, Octubre, 2015. Consulta 29/08/2023.

195 Prieto Sanchís Luis. Constitucionalismo y Positivismo. Editorial Trotta. Madrid España 1997, p. 103

admite una pluralidad de interpretaciones y está por esto sujeto a (posibles) desacuerdos interpretativos[196].

Existen normas que en diversos casos a los que ésta es seguramente aplicable, y casos a los que seguro no puede ser aplicada y, finalmente, casos "dudosos" o "difíciles" (hard cases, como se suele decir) para los que la aplicación de la norma es discutible[197].

Para ver la manera en la que se interprete una norma constitucional, se debe ver si en su aplicación no viola algún derecho humano, y si esta no se contradice con algún otro precepto constitucional, lo que, al momento de aplicarla, deberá de prevalecer lo que mayormente beneficie a la persona.

La interpretación constitucional es indispensable para dar respuestas a cuestiones que la Constitución no permite discernir unívocamente, con lo cual, interpretar la norma fundamental equivalente actualizarla, desentrañando respuestas constitucionales acertadas mediante la aplicación de un procedimiento racional y objetivo[198].

El juez, siendo la autoridad que debe aplicar las normas en especial las constitucionales, debe tener un raciocinio amplio en cuanto el alcance de esta, y tener como objetivo la solución de los problemas que se le plantean, pues dependiendo de la regla que utilice el juez en el momento de interpretarla y aplicarla puede darle diferentes significados que pueden ocasionar contradicciones una con otra, en ocasiones en perjuicio o beneficio de a quien se aplica, esto es, una mala interpretación trasciende los derechos para bien o para mal.

---

196 Ídem.

197 Guastani Ricardo. Interpretación y Construcción Jurídica, en http://www.scielo.org.mx/pdf/is/n43/n43a2.pdf, octubre, 2015. Consulta 29/08/2023

198 Mariano Palacios Alcocer, J. Francisco Castellanos Madrazo, Algunos Apuntes Sobre la Interpretación Constitucional, https://archivos.juridicas.unam.mx/www/bjv/libros/5/2389/24.pdf. Consulta 29/08/2023.

Las disposiciones constitucionales suelen ser indeterminadas semánticamente, debido a que, como ha sido puesto de manifiesto por la doctrina más autorizada en la materia, sus contenidos son producto de compromisos políticos, que admiten una multiplicidad de interpretaciones de las fuerzas políticas, sociales y económicas del Estado[199]. Como ya lo señalé en líneas anteriores respecto a la elección de los Ministros de la Suprema Corte

La interpretación de reglas jurídicas es un asunto relevante para el derecho constitucional; este sector del ordenamiento jurídico regula la producción y la validez del sistema jurídico en su conjunto. La relevancia de una norma depende de su significado y esta es una cuestión de interpretación[200]. Semántica en ocasiones podríamos decir.

Con esto se quiere tener una resolución correcta y razonable de la cual se obtenga con el análisis jurídico que realice el juez en el momento de aplicar un artículo de la Constitución.

La interpretación es de importancia decisiva porque en vista de la apertura y amplitud de la Constitución, aparecen problemas interpretativos con mayor frecuencia que en otros campos jurídicos, cuyas normatividades suelen introducirse más en el detalle[201].

Los problemas interpretativos que se dan en la Constitución son las contradicciones que se ven en algunos artículos pues unos permiten y otros prohíben[202].

La finalidad de la interpretación es encontrar a través de un proceso racional y controlable el resultado correcto adecuado a la

---

199 Ídem.

200 Manuel Rodríguez Puerto, La interpretación de las normas jurídicas como problema constitucional. Una reflexión desde el caso español, https://www.redalyc.org/journal/720/72060329001/html/, 20, junio-2018. Consulta 12/02/2024.

201 Aníbal Quiroga León, La Interpretación Constitucional, file:///C:/Users/Lab02pc/Downloads/Dialnet-LaInterpretacionConstitucional-5084957.pdf. Consulta 12/02/2024.

202 Ídem.

Constitución, fundamentar dicho resultado y de este modo crear una previsibilidad y una certidumbre del derecho, y no tan sólo decidir por el amor a la propia decisión[203].

La autoridad competente es la que tiene que dar el resultado adecuado de la conclusión al significado de la norma, sin que se vea afectada ninguna de las partes, de lo contrario como ya lo he manifestado, afectará derechos. La primera Sala de la Suprema Corte de Justicia de la Nación, ha señalado en Jurisprudencia firme una de las maneras de cómo se debe de interpretar una norma jurídica que a continuación se transcribe.

INTERPRETACIÓN CONFORME. NATURALEZA Y ALCANCES A LA LUZ DEL PRINCIPIO PRO PERSONA[204]

A juicio de esta Primera Sala de la Suprema Corte de Justicia de la Nación, la supremacía normativa de la Constitución no se manifiesta sólo en su aptitud de servir como parámetro de validez de todas las demás normas jurídicas, sino también en la exigencia de que tales normas, a la hora de ser aplicadas, se interpreten de acuerdo con los preceptos constitucionales; de forma que, en caso de que existan varias posibilidades de interpretación de la norma en cuestión, se elija aquella que mejor se ajuste a lo dispuesto en la Constitución. En otras palabras, esa supremacía intrínseca no sólo opera en el momento de la creación de las normas, cuyo contenido ha de ser compatible con la Constitución en el momento de su aprobación, sino que se prolonga, ahora como parámetro interpretativo, a la fase de aplicación de esas normas. A su eficacia normativa directa

---

203 Ídem.

204 Suprema Corte de Justicia de la Nación. Registro digital: 2014332 Instancia: Primera Sala. Décima Época Materias(s): Constitucional Tesis: 1a./J. 37/2017 (10a.) Fuente: Gaceta del Semanario Judicial de la Federación. Libro 42, mayo de 2017, Tomo I, página 239 Tipo: Jurisprudencia.

se añade su eficacia como marco de referencia o criterio dominante en la interpretación de las restantes normas. Este principio de interpretación conforme de todas las normas del ordenamiento con la Constitución, reiteradamente utilizado por esta Suprema Corte de Justicia de la Nación, es una consecuencia elemental de la concepción del ordenamiento como una estructura coherente, como una unidad o contexto. Es importante advertir que esta regla interpretativa opera con carácter previo al juicio de invalidez. Es decir, que antes de considerar a una norma jurídica como constitucionalmente inválida, es necesario agotar todas las posibilidades de encontrar en ella un significado que la haga compatible con la Constitución y que le permita, por tanto, subsistir dentro del ordenamiento; de manera que sólo en el caso de que exista una clara incompatibilidad o una contradicción insalvable entre la norma ordinaria y la Constitución, procedería declararla inconstitucional. En esta lógica, el intérprete debe evitar en la medida de lo posible ese desenlace e interpretar las normas de tal modo que la contradicción no se produzca y la norma pueda salvarse. Así el juez ha de procurar, siempre que sea posible, huir del vacío que se produce cuando se niega validez a una norma y, en el caso concreto, de ser posibles varias interpretaciones, debe preferirse aquella que salve la aparente contradicción. Ahora bien, la interpretación de las normas conforme a la Constitución se ha fundamentado tradicionalmente en el principio de conservación de ley, que se asienta a su vez en el principio de seguridad jurídica y en la legitimidad democrática del legislador. En el caso de la ley, fruto de la voluntad de los representantes democráticamente elegidos, el principio general de conservación de las normas se ve reforzado por una más intensa presunción de validez. Los tribunales, en el marco de sus competencias, sólo pueden declarar la inconstitucionalidad de una ley cuando no resulte posible una interpretación conforme con la Constitución. En cualquier caso, las normas son válidas mientras un tribunal no diga lo contrario. Asimismo, hoy en día, el principio de interpretación conforme de todas las normas del ordenamiento a la Constitución, se ve reforzado por el principio pro persona, contenido en el artículo 1°. de la Constitución Política de los Estados Unidos Mexicanos, el cual obliga a maximizar la interpretación conforme en aquellos escenarios en los cuales, dicha interpretación permita la efectividad de los derechos fundamentales de las personas frente al vacío legislativo que puede provocar una declaración de inconstitucionalidad de la norma.

Amparo en revisión 159/2013. 16 de octubre de 2013. Mayoría de cuatro votos de los Ministros Arturo Zaldívar Lelo de Larrea, Alfredo Gutiérrez Ortiz Mena, Olga Sánchez Cordero de García Villegas, quien formuló voto concurrente y Jorge Mario Pardo Rebolledo. Disidente: José Ramón Cossío Díaz, quien formuló voto particular. Ponente: Arturo Zaldívar Lelo de Larrea. Secretario: Javier Mijangos y González.

Amparo directo en revisión 288/2014. Carlos Ayala Gómez. 24 de septiembre de 2014. Mayoría de cuatro votos de los Ministros Arturo Zaldívar Lelo de Larrea, José Ramón Cossío Díaz, quien reservó su derecho para formular voto concurrente, Alfredo Gutiérrez Ortiz Mena y Olga Sánchez Cordero de García Villegas. Disidente: Jorge Mario Pardo Rebolledo, quien formuló voto particular. Ponente: Olga Sánchez Cordero de García Villegas. Secretario: Ignacio Valdés Barreiro.

Amparo directo en revisión 4241/2013. Procuraduría Federal del Consumidor. 15 de octubre de 2014. Unanimidad de cuatro votos de los Ministros Arturo Zaldívar Lelo de Larrea, José Ramón Cossío Díaz, quien reservó su derecho para formular voto concurrente, Jorge Mario Pardo Rebolledo y Alfredo Gutiérrez Ortiz Mena. Ausente: Olga Sánchez Cordero de García Villegas. Ponente: Jorge Mario Pardo Rebolledo. Secretaria: Rosa María Rojas Vértiz Contreras.

Amparo directo en revisión 607/2014. Operadora "Lob", S.A. de C.V. 22 de octubre de 2014. Mayoría de cuatro votos de los Ministros Arturo Zaldívar Lelo de Larrea, Jorge Mario Pardo Rebolledo, Olga Sánchez Cordero de García Villegas y Alfredo Gutiérrez Ortiz Mena. Disidente: José Ramón Cossío Díaz. Ponente: Olga Sánchez Cordero de García Villegas. Secretario: Ricardo Manuel Martínez Estrada.

Amparo directo en revisión 2177/2014. Instituto Mexicano del Seguro Social. 19 de noviembre de 2014. Cinco votos de los Ministros Arturo Zaldívar Lelo de Larrea, José Ramón Cossío Díaz, Jorge Mario Pardo Rebolledo, Olga Sánchez Cordero de García Villegas y Alfredo Gutiérrez Ortiz Mena. Ponente: Jorge Mario Pardo Rebolledo. Secretario: Alfonso Francisco Trenado Ríos.

Tesis de jurisprudencia 37/2017 (10ª.). Aprobada por la Primera Sala de este Alto Tribunal, en sesión de diecisiete de mayo dos mil diecisiete.

Nota: Por ejecutoria del 9 de marzo de 2021, el Pleno de la Suprema Corte de Justicia de la Nación declaró inexistente la contradicción de tesis 182/2020, derivada de la denuncia de la que fue objeto el criterio contenido en esta tesis.

Esta tesis se publicó el viernes 26 de mayo de 2017 a las 10:31 horas en el Semanario Judicial de la Federación y, por ende, se considera de aplicación obligatoria a partir del lunes 29 de mayo de 2017, para los efectos previstos en el punto séptimo del Acuerdo General Plenario 19/2013.

Al respecto y conforme a esta jurisprudencia, la interpretación que se haga será siempre tratando de prevalecer el principio de conservación de normas, en aras de que reine la representación democrática, puesto que las normas emanan del poder legislativo, siempre y cuando no se contrapongan con la Constitución, lo cual deberá de interpretarse de manera profunda la norma en cuestión. Esto es, hay un principio no solo de conservación de la norma, sino de aplicación de esta mientras no sea declarada inconstitucional.

Pero lo que escapa a esta jurisprudencia, es, ¿qué hacer cuando dos artículos de la Constitución se contraponen, siendo esta la norma suprema?, por lo tanto, debe de tener un sistema para interpretarse, y que, si bien corresponde al Poder Judicial de la Federación hacerlo, no escapa a que también sea interpretada por la doctrina, pues una interpretación difusa impacta al procedimiento.

Pero nuestra Constitución contiene normas que versan sobre su interpretación, desde diversos puntos de vista, que desentrañan su contenido original, generando un sistema integral de interpretación jurídico-constitucional, aplicando criterios teleológicos, buscando el bienestar al aplicarla a casos concretos sin abstracciones[205].

Una de las formas es encontrar el sentido que tuvo el constituyente al momento de generar la norma constitucional, lo que busco en ese momento con ella, para ello será necesario acudir al método histórico jurídico, pues deberá de buscarse el contexto político social y económico del momento en que surgió el dispositivo constitucional en estudio.

Existen varios criterios de interpretación constitucional como son el gramatical, el lógico, tato inductivo como deductivo, el sistémico, el político, el económico, el administrativo, el popular etc., que, en la realidad, no son tan efectivos, tal vez pudiera funcionar una interpretación sistémica funcional, pero deberíamos de tener una interpretación realista de la Constitución. Establecer un sistema de voluntad legislativa de interpretación, basta ver la exposición de motivos de cada reforma constitucional, que en ocasiones no tiene un sentido objetivo. Tal vez el más adecuado sería el doctrinal y jurisprudencial, puesto que los primeros son los estudiosos del derecho y los segundos, son los aplicadores de este[206].

Y aun dentro de los criterios interpretativos doctrinales y jurisprudenciales, será necesario establecer un sistema adecuado de interpretación de la norma constitucional, que nos lleve a un método infalible, que sirva a todo juzgador sea cual fuere su categoría en la homogenización interpretativa y no dejarlo al criterio individual de cada aplicador del derecho, pues si bien el derecho como ciencia no es exacto, una mala interpretación repercute en el procedimiento, al aplicar mal un derecho, que afectará a una de las partes contendiente.

---

205 Carbajal Juan Alberto. Teoría de la Constitución. Editorial Porrúa. México 2006, p. 145.

206 Ibídem, pp. 146, 147, 148.

"La teleología de la interpretación constitucional, se da con base en las finalidades que de ella se tienen y que no deben de ser otras que aplicar con criterios justos y sencillos la Constitución"[207].

En este caso tendríamos que buscar la finalidad de la norma constitucional, su razón de ser, la pretensión real de dicho dispositivo. Como dice Juan Alberto Carbajal[208], sencilla palpable y justa. O Como dice Jorge Carpizo[209], la finalidad última de la interpretación constitucional debe de ser proteger y defender lo más valioso del ser humano, su libertad y dignidad.

Si bien la misma Constitución en el segundo párrafo del artículo primero establece la forma en que se debe de interpretar cualquier norma y que debe de incluirse a la propia Constitución, al señalar:

> Las normas relativas a los derechos humanos se interpretarán de conformidad con esta Constitución y con los tratados internacionales de la materia favoreciendo en todo tiempo a las personas la protección más amplia.

Entonces, la interpretación que se haga de la norma fundamental deberá de hacerse pensando en la protección de los derechos de las personas, pues aun y cuando se diga que deberá de hacerse conforme a la propia Constitución, tendrá que prevalecer la protección de los derechos del ser humano incluyendo a las personas jurídicas.

Ahora bien, es necesario precisar que, a la norma constitucional, se le atribuye una eficacia inmediata y directa[210], lo que implica que puede ser aplicada sin ninguna interpretación, pero solo aquellas que por su estructura y claridad no es necesario su análisis más allá que el gramatical.

---

207 Ibídem, p. 148.

208 Ob. Cit. Carbajal, p. 149.

209 Carpizo Jorge. La Interpretación Constitucional. Estudios Constitucionales. 3ª. Edición. Editorial Porrúa. México 1991, p. 61.

210 DeVergottini Giuseppe. Derecho Constitucional Comparado. Editorial Unam. México 2004, p, 159.

Es importante también señalar, que en la interpretación aparece el factor del tiempo o la época en que se interpreta un artículo, pues las circunstancias cambian de modo tal que la perspectiva altera el modo de pensar y lo que en una época pudo interpretarse en un sentido, en otra, al cambiar la coyuntura, el discernimiento será otro, como de igual manera influye el interés de ver un artículo de una forma distinta para beneficiar a un sector poblacional, a una persona en particular o, pretendiendo aplicarlo para resolver un problema social o político, aunque el sentido del artículo diste mucho de cómo se aplique.

Los intereses se consideran objeto de valoración y pauta de valoración expresada en la ley, por ejemplo, apariencia jurídica y motivación, al que el juez está ligado[211].

> El enlace entre supuesto de hecho y consecuencia jurídica, arguye, tal como se da en una regla jurídica completa, se basa en una valoración. Ésta la realiza el que establece la norma jurídica: el legislador, el juez, el jurisperito consultado. Es un juicio de valor y puede estar determinado por puros intereses del que decide, por consideraciones de oportunidad o de justicia. La norma jurídica es con frecuencia resultado de disputas políticas condicionadas ideológica o interesadamente. Mas para ello es importante que la norma jurídica, en cuanto sea posible, sea entendida e interpretada desde sí misma y que no se convierta reiteradamente, al ser aplicada e interpretada, en objeto de decisión política. Esto requiere a su vez que el jurista que ha de aplicarla elabore, en cuanto sea posible, el significado de la norma con métodos racionales[212].

Habrá entonces en un momento dado de interpretarse la norma constitucional de manera pragmática, conforme a la finalidad del artículo en relación con la sociedad, pues al fin de cuentas es el propósito último de la norma constitucional. En otras palabras, de una manera estructurada, para detectar una colisión constitucional.

---

211 Larenz Karl. Metodología de la Ciencia del Derecho. Editorial Ariel. Madrid España 2001, pp. 141, 142.

212 Ibídem, pp. 143, 144.

La Teoría escéptica de la interpretación, sostiene que la interpretación, es una actividad no de conocimiento sino de valoración y de decisión. Esta teoría se funda sobre la opinión de que no existe algo así como el significado propio de las palabras, ya que toda palabra puede tener el significado que le ha incorporado el emitente, o el que le incorpora el que la usa, y la coincidencia entre uno y otro no está garantizada[213].

FORMAS DE INTERPRETACIÓN CONSTITUCIONAL

Es dentro de la norma constitucional donde se encuentran los derechos más preciados de un pueblo por los que tanto luchó, está inmiscuida su historia, sus costumbres, a grado tal que la convierte en un estandarte de triunfo y de unión que trasciende de generación en generación, en el que se protegen y garantizan los derechos fundamentales para la sana convivencia, por lo cual, la forma de cómo se interpreta reviste de suma importancia para el desarrollo no solo del derecho sino de la democracia.

Las constituciones modernas y la sociedad actual demandan técnicas y métodos de interpretación que den respuesta a los conflictos normativos, el problema surge en las múltiples discrepancias[214] a la hora de su análisis, por lo que es necesario encontrar un método para que esta sea homogénea, lo cual podría resultar difícil, dado que en la Constitución se encuentran normas políticas, económicas, sociales etc., lo que hace que sea distinto el punto de vista con que se deduzca, por lo que la apreciación de la norma constitucional será diversa.

---

213 Guastini, Ricardo: Estudios Sobre la Interpretación Jurídica. Editorial Porrúa, México 2002, p. 15.

214 Fernández Cruz José Ángel. La interpretación conforme con la Constitución: Una aproximación conceptual. Revista Ius et Praxis. Universidad de Talca Chile, vol. 22, núm. 2, 2016, p. 154.

Ahora bien, ver la norma constitucional en abstracto no puede ser aplicable, dado que constituiría solo ideas, sin ver más allá de los alcances que pueda tener, que solo nos lleva a los conceptos que en ocasiones pueden resultar vagos e imprecisos, inclusive, excluir algún derecho al estar alejado de toda realidad la percepción que de un artículo constitucional se tenga.

Cuando la norma sólo da al juez una orientación abstracta general, señalando expresa o tácitamente, hechos, conceptos o criterios no determinados en la misma ley, el juez debe actuar en forma subjetiva, atendiendo a sus investigaciones y estimaciones personales para resolver el caso concreto[215]. En este caso hay una abstracción en la interpretación normativa que se hace, dando margen a equivocaciones.

Por consiguiente, la antinomia en muchos sentidos es producto de la interpretación como se ha dicho, que puede crearla, como evitarla o prevenirla, por tanto, en lo relativo a las relaciones entre antinomias e interpretación, pueden ser[216]:

1) En primer lugar, una antinomia consigue (quizás no siempre, pero ciertamente en muchos casos) ser evitada o prevenida por medio de los instrumentos interpretativos. En el sentido de que los textos normativos pueden ser interpretados para que expresen normas entre sí compatibles, de forma tal que no se presente ninguna antinomia[217].

   Podría decirse que en una primera interpretación dos disposiciones expresan normas antinómicas. Sin embargo, es posible revisar y, después de todo, descartar esta primera interpre-

---

215 Cisneros Farías German, Cuestiones Constitucionales, en: https://revistas.juridicas.unam.mx/index.php/cuestiones-constitucionales/article/view/5662/7403#:~: text=De%20acuerdo%20con%20el%20criterio, legal%20para%20un%20caso%20espec%C3%AD, enero,2003,08. Consulta 20/06/2024.

216 Guastini Ricardo. La Sintaxis del Derecho. Editorial Marcial Pons. Madrid España 2016, p. 257.

217 Ídem.

tación, procediendo a una segunda y diversa interpretación, que haga que no se presente ninguna antinomia[218].

En tal caso es una manera de desaparecer una antinomia, producto por supuesto de un segundo análisis.

La interpretación adecuadora previene las antinomias entre textos normativos distintos, y en particular entre textos normativos jerárquicamente ordenados —bien desde el punto de vista material (por ejemplo, una ley y la constitución), bien desde el punto de vista axiológico (por ejemplo, una disposición de detalle y un principio general)— evitando obtener del texto normativo subordinado normas que entrarían en conflicto con las normas (previamente obtenidas mediante interpretación) del texto normativo supraordenado. Cuando están en juego textos normativos de rango diverso en la jerarquía material de las fuentes, la interpretación adecuadora produce el efecto de conservar la validez de los textos jerárquicamente inferiores, en el sentido de que, interpretado de este modo, se evita declarar la invalidez de un texto normativo que resultaría inválido si fuera interpretado de otro modo[219].

2) En segundo lugar, una antinomia —del mismo modo que puede ser evitada mediante la interpretación, igualmente— puede también ser producida mediante la interpretación. En el sentido de que los textos normativos pueden ser interpretados para que expresen normas incompatibles[220].

3) En tercer lugar, y de consecuencia, la identificación de una antinomia presupone la interpretación: las antinomias no subsisten antes de la interpretación. Una antinomia puede presentarse solo después de que se haya realizado la interpretación.

---

218 Ídem.

219 Ob. Cit. Guatini, p. 257.

220 Ibídem, p. 258.

4) En cuarto lugar, dado que las antinomias son fruto de la interpretación o, al menos, son posteriores —y no anteriores— a la interpretación, toda antinomia revela un problema no propiamente interpretativo sino de otra naturaleza. Esto es, una antinomia no pude ser resuelta por vía de interpretación (nótese bien: una cosa es resolver una antinomia, y otra distinta prevenirla o evitarla):

   a) por un lado, por la banal razón de que, si la antinomia se presenta, se presenta solo cuando la interpretación ya se ha concluido.

   b) Por el otro, por la no banal razón de que, para resolver una antinomia es necesario eliminar —en algún sentido que sería necesario precisar o, al menos, derogar una de las dos normas en conflicto (o, quizás, eliminar ambas); y la eliminación, como también la derogación, de una norma son cosas que tienen que ver con la producción del derecho antes que con su interpretación[221].

Y la producción del derecho debe de ser de tal manera que inhiba contradicciones. A su vez, en la Constitución mexicana, se han derogado múltiples fracciones, textos e incisos de diversos artículos, bien buscando una adecuación o bien considerando que ya no es necesario que exista dentro de la norma fundamental, pero seguimos viendo múltiples redacciones en diversos artículos constitucionales que no debieran estar dentro del texto de la constitución, pues ello es propio de leyes secundarias, inclusive procesales, me parece ilógico ver en la Constitución todo el procedimiento penal, o laboral, ello es propio del Código Nacional de Procedimientos penales y de la Ley federal del Trabajo, no de la Constitución, pues esto provoca una Constitución procesalista, alejado del ideal de una norma fundamental.

Así podemos ver en nuestra Constitución delitos que deben de estar establecidos en el código punitivo, más, sin embargo, el legis-

---

221 Ídem.

lador lo pone en la ley suprema, es así como en el artículo 16 en su noveno párrafo, se establece el delito de delincuencia organizada, al señalarse: "*Por delincuencia organizada se entiende una organización de hecho de tres o más personas, para cometer delitos en forma permanente o reiterada, en los términos de la ley de la materia*". Cuando no corresponde a la Constitución establecer modelos o tipos de delito, pues estamos entonces ante un caso *sui generis*, en el que existirá un delito constitucional y que curiosamente también se encuentra en el Código Penal Federal, pues en su artículo 164 del capítulo IV se establece el delito de asociación delictuosa al señalarse: "*Al que forme parte de una asociación o banda de tres o más personas con propósito de delinquir, se le impondrá prisión de cinco a diez años y de cien a trescientos días multa*".

De igual manera, en el artículo 2 de la ley federal contra la delincuencia organizada, se establece: "*Cuando tres o más personas se organicen de hecho para realizar, en forma permanente o reiterada, conductas que por sí o unidas a otras, tienen como fin o resultado cometer alguno o algunos de los delitos siguientes, serán sancionadas por ese solo hecho, como miembros de la delincuencia organizada*".

Por lo que, la descripción del delito de delincuencia organizada debe de estar en una ley secundaria, y no en la norma fundamental, lo que crea confusión no solo en el aplicador del derecho, sino en el Abogado postulante al no tener completamente claro que norma aplicar.

Así también, el artículo 21 constitucional, otorga el monopolio de la investigación de los delitos y el ejercicio de la acción penal al Ministerio Público, pero el artículo 426 del Código Nacional de Procedimientos Penales, también otorga el ejercicio de la acción penal a los particulares con ciertas condicionantes establecidas en el artículo 428 del mismo cuerpo de leyes, pero, para poder permitir la acción penal de particulares, primero tendría que reformarse o adecuarse la Constitución precisamente en el artículo 21, para ahí primero permitir la acción de particulares y posteriormente los supuestos procedimentales establecerlos en la ley adjetiva correspondiente, pues de lo contrario se caería en una norma inconstitucional, pues recordemos que ninguna norma puede estar por encima de la Constitución, lo que provoca que, al momento de interpretar el artículo 21 constitucional con el 426 del Código Nacional de Procedimientos Penales, conforme a lo que ya ha señalado la corte, que cualquier interpretación que se haga debe de estar conforme y en conjunción con la norma fundamental la acción penal por particulares, deviene en una acción violatoria de la misma carta magna.

Todo esto nos lleva a que, nos falta homogenizar formas de interpretación constitucional, pues deviene en una dificultad para los jueces de cumplir con la legalidad en el procedimiento.

Ante esto, no existe una forma o método homogéneo aceptado o aplicado por los jueces en la interpretación de normas constitucionales, lo que provoca en muchas ocasiones interpretaciones equivocas y no en menos casos antinomias.

Además, el derecho impone a los jueces ciertas obligaciones procesales, la de juzgar, la jurisdiccional, con ciertos requisitos que el propio derecho exige en las decisiones judiciales, como el que sean congruentes y motivadas, con actividades fundamentales como llevar el debido procedimiento, una actividad decisoria y una actividad justificatoria[222].

Si damos a los aplicadores del derecho formas específicas, certeras y sobre todo científicas de interpretación constitucional, será mucho más fácil dictar una sentencia completamente apegada a derecho, pues una de las grandes fallas en estas y que frecuentemente motiva la promoción de amparos, es precisamente la interpretación que se hace de preceptos constitucionales en el dictado de las sentencias.

A decir de Javier Hurtado la Suprema Corte interpreta la Constitución con métodos extraños o por lo menos sin nombre, porque no puedes saber en este tiempo a más de 100 años de promulgada

---

222 Hernández Marín Rafael. Teoría General de las decisiones Judiciales. Editorial Marcial Pons. Madrid España 2021, p. 453.

la Constitución, cual fue o es el sentido real de los artículos que los creadores originales de la Constitución tuvieron, aplicándolo a sus sentencias, sin tener la seguridad de la verdadera razón original del artículo a analizar y a aplicar[223]. Lo que por tanto deviene en una inseguridad jurídica pues no existe la certeza de la verdadera significación del artículo y más aun sin saber que método interpretativo se aplicó, por lo que, como se ha dicho en estas líneas, es necesario dotar de formas de interpretación constitucional.

LA CONSTITUCIÓN COMO NORMA INDIVIDUAL

Actualmente la tendencia global de la legislación es la individualización de esta, esto es, se trata de dirigir la norma al ser humano, ya ha dejado de importar la sociedad como ente general para la normatividad, no obstante que es el fin último de la norma jurídica, lo que ha significado una desvertebración del Estado, puesto que con ello se olvida que la sociedad forma al Estado y no el individuo.

Esta amenaza permanente está fragmentando a la Constitución, hay comunidades que se encuentran distantes y ciegas a la realidad, apartadas a nuestra existencia como Estado, pretenden excluirse erosionando a la Constitución, para intentar tener reconocimiento de derechos individuales antes que colectivos, lo que produce ciertos conflictos en la carta magna.

Para este sector, la legislación debe de ser acorde a ellos, a una autonomía regulada de manera distinta, particularizando la normatividad a sólo una comunidad, la afirmación de algunos derechos humanos solo aplicables a un sector de la sociedad o a una comunidad, su sector, su comunidad, confundiendo la individualización del derecho por el reconocimiento de derechos humanos diversos

---

[223] Hurtado González Javier. Discurso dado el 1 de julio de 2024 en el dialogo Nacional conformación y reorganización del Poder Judicial en el Centro Universiario de Ciencias Económico Administrativas de la Universidad de Guadalajara.

o inclusive por el desconocimientos de los ya existentes, cualquiera que éste sea, pretendiendo segregarse del resto de la sociedad, con una visión individualista desligado del Estado. La afirmación de derechos abstractos reconocidos en la Constitución.

El derecho se da en la realidad social, en sus hechos, resuelve algunos tipos de necesidades sociales, o por lo menos trata de satisfacer[224] no puede ser aislado de esta, pues se debe a ella.

> Por eso el derecho es dictado y aplicado por la organización social que quiere ser más fuerte que todas las más fuertes, puesto que sus decisiones deben ser impuestas no sólo a los débiles, sino incluso a los más fuertes, es decir, el derecho es dictado y aplicado por el Estado, el cual sociológicamente se define como la organización política que intenta crear un poder capaz de imponer a todos, incluso a los más fuertes[225].

Y pretender segregarse del derecho general, para imponer un derecho individual solo a cierto sector poblacional, implica forzosamente conflictos en la propia Constitución sobre todo al aplicarla, puesto que las costumbres de ciertos pueblos no pueden estar por encima de la ley fundamental y menos de los derechos humanos.

Esto lleva a un reflejo patológico de una sociedad vacía de sentido jurídico y social, apartados de toda realidad, tratando de segregarse de un todo y crear sus propias condiciones hasta llegar a las exigencias que no deja más solución que someterlos al acatamiento de la norma general, sin doblegarse a sus exigencias.

La individualización de los derechos fundamentales consagrados en la Constitución está quebrando a la sociedad, puesto que la separa y aísla a las comunidades que, basándose en costumbres tienden a querer un derecho distinto a los demás, pero con reconocimiento constitucional.

Por otro lado, nunca hay que perder de vista que en la política del reconocimiento de derechos humanos se actúa siempre entre

---

224 Recasens Siches Luis. Sociología. Editorial l Porrúa. México 1982, pp. 581,583.

225 Ibídem, p. 586.

una mayoría y una minoría y que evidentemente no debe de sacrificarse la primera a la segunda. Hacer una diferencia no significa una desigualdad. Esto es, la tolerancia o reconocimiento a los usos y costumbres minoritarios, no significa que éstos deban imponerse a las mayorías.

No debemos olvidar que la norma escrita y los derechos humanos reconocidos en la Constitución, sigue siendo la norma general. Aceptar derechos humanos de manera individual o a cierto sector minoritario, no significa estar por encima de lo general, de la mayoría, ni excluirse de esos derechos generales. Esto es, no se debe de impedir que la norma constitucional siga siendo una norma fundamental general para todos los habitantes de un Estado.

Pretender monopolizar la norma constitucional, no es sano para la coexistencia de una comunidad, por el contrario, se deben de aceptar las normas colectivas supracomunitarias, que definen la posibilidad de convivir en conjunto.

La igualdad ante la ley no significa segregarse de ella y pedir un reconocimiento de un derecho fundamental para vivir según su específica visión y sus propias reglas, ello conflictúa la norma constitucional.

No debemos de olvidar que la Constitución expresa el bien general, buscar en ella un bien particular a través de una particularización de su norma, no abona a la coexistencia pacífica, acarrea una corriente no individual, sino individualista, generadora de conflictos inclusive procesales, pues, ¿Cómo resolver conflictos que llegan al poder judicial entre particulares, basados en usos y costumbres?, lo que provoca un mortal estancamiento jurídico del Estado al hacer diferencias, de derechos, convirtiéndose en una sociedad individualista inclusive separatista jurídicamente hablando, en donde lo público y lo privado se entremezclan, y usos y costumbres por encima de derechos humanos, derechos especiales podríamos decir.

Todo esto nos lleva a colisiones constitucionales, y a conflictos procesales puesto que al momento de juzgarse o aplicarse el derecho a un caso concreto en comunidades con reconocimiento de costumbres, ¿qué norma constitucional se va a aplicar?, o ¿qué derecho adjetivo se utilizará en el juicio?

La sociedad siempre ha buscado un procedimiento igualitario, que conlleve a juicios justos, o lo que es lo mismo a un debido proceso, pero como lograrlo cuando existen comunidades autónomas con leyes diversas para juzgar, ¿existe entonces contradicción legislativa, basadas en una Constitución individual?

Si bien el sistema jurídico de las comunidades indígenas en México se basa en su derecho de costumbre, conformado por diferentes sistemas normativos de cada pueblo y comunidad, estos sistemas están basados en principios generales, normas orales o escritas que las comunidades indígenas reconocen como validas y aplicables en su vida diaria, pero que se enfrenta con normas constitucionales y con legislaciones secundarias, provocando conflictos normativos.

No es que se esté en contra de su sistema jurídico, pero este debe de ser acorde a la Constitución y a los derechos humanos ahí establecidos, como los reconocidos en los tratados internacionales, pues de lo contrario tendremos en muchas ocasiones antinomias, colisiones constitucionales y conflictos normativos, pues será común que mientras en el derecho positivo surgido del congreso se prohíba o permita algo, en el sistema indígena podría permitirse los que se prohíbe en una norma legislativa o viceversa, prohibirse lo que si está permitido.

Otro escenario factible de una Constitución individualizada puede surgir al momento de acudir al juicio de amparo, pues los procedimientos que se utilizaron en los juicios de las comunidades indígenas pudieron haber violado un sin número de derechos, no solo los humanos, y el juzgador de amparo encontrará innumerables contradicciones normativas que tendrá que resolver, apegándose a la norma fundamental y será en ese momento cuando aparecerán las antinomias.

Capítulo Tercero

La hermeneutica jurídica en la interpetación constitucional y en la interpretación normativa

Tendríamos que utilizar en tal caso la hermenéutica jurídica para encontrar el verdadero sentido de las normas constitucionales, para descubrir su real razón de ser y los derechos establecidos en ella.

Si bien, la hermenéutica jurídica, es el estudio de los métodos, técnicas y conceptos interpretativos de los textos jurídicos, puede también considerarse como una ciencia de la interpretación jurídica, puesto que tiene que tomar en cuenta las particularidades de la ciencia del derecho, como la manipulación de principios, reglas y definiciones jurídicas en relación con la sistemática y dogmática del derecho. La hermenéutica, en sentido filológico, se entiende como el arte de explicar, traducir e interpretar; pero desde el ámbito legal este arte se modifica debido a la característica coercitiva e institucional de la norma jurídica[226].

A decir de Karl Larenz, la hermenéutica jurídica es la doctrina sobre las condiciones de posibilidad y de especial modo del comprender en sentido estricto la norma, explicando su objeto[227].

Lamentablemente en muchas ocasiones hay una interpretación manipulada, sin apegarse a un método en específico, cuyo interés lleva a la interpretación sesgada para el beneficio de alguien, haciéndose un mal uso del análisis normativo, dando un sentido distinto al derecho a aplicar, en el que puede afectar derechos fundamentales,

---

226 Diccionario de la lengua española tomado de razonamiento | Definición | Diccionario de la lengua española | RAE - ASALE Consultada 04/03/2024

227 Larenz Karl. Metodología de la ciencia del derecho. Editorial Ariel. Madrid España 2001, p. 238.

inclusive a la propia democracia, dejando a un lado el Estado de derecho, pasando la hermenéutica a segundo plano.

El problema radica en que la interpretación unilateral y con un interés determinado, pasa por alto que la Constitución establece derechos para el orden del Estado, que en su mayoría no son contemplados y esto también se da en las normas secundarias.

Por lo que, el papel del juzgador debe de ceñirse a la aplicación de la ley, buscando la justicia como parte de un sistema democrático, para lo cual debe ser autónomo, independiente, ético y profesional, sin coyunturas políticas, ideológicas o religiosas[228].

Cuando para efectos de la interpretación constitucional se debe de utilizar la hermenéutica jurídica buscando la intención del constituyente, generador original de la norma constitucional y analizar el contexto histórico de su creación, pues muchas normas, aun las constitucionales han sido creadas para fines específicos de acuerdo con el momento político social que se vive cuando son instauradas.

Es de señalarse también que, al momento del análisis normativo de la ley fundamental, debe de verse la realidad social, utilizando la sociología jurídica[229], pues observar el momento en que se actúa y se decide es crucial para la aplicación de la Constitución.

Por otro lado, conforme a nuestro sistema jurídico mexicano, solo a la Suprema Corte de Justicia de la Nación se le otorgo el monopolio de la interpretación constitucional, pues los únicos facultados para ello son los ministro, quienes están excluidos de la sanción de nulidad, lo que les otorga un poder constituido que escapa a cualquier recurso jurídico, inclusive previsto en la ley de amparo, sin embargo, la jurisprudencia que emite, en muchas ocasiones se ve influenciada por motivos políticos y sociales, llegando al extre-

---

228 Castaño Zuluaga Luis Ociel. La hermenéutica y el operador jurídico en el nuevo esquema constitucional. Pautas a considerar para el logro de una adecuada interpretación jurídica. Revista Opinión jurídica, vol. 8, núm. 15. Medellín Colombia 2015, p. 80.

229 Ibídem, p. 86.

mo de que al cabo del tiempo, lo que adujo en cierta época lo modifica, a grado tal de interpretar lo contrario, a pesar de que el texto constitucional en análisis quede incólume[230].

Pero no está prohibido que la doctrina pueda interpretar una norma constitucional de diversa manera que la propia corte, apoyándose en la dogmática jurídica, en la filosofía jurídica, en la hermenéutica jurídica, en el conocimiento científico, en el derecho comparado y en la experiencia propia.

Para la hermenéutica jurídica, hallar el derecho es hallar el sentido de la norma jurídica positiva, en el contexto de aplicación, la norma objetivamente se encuentra plasmada como un texto y, como tal, al interpretarlo es particularmente partícipe de las potencialidades lingüísticas aclarativas de todo texto y que la pre-comprensión del intérprete ofrece[231].

Dentro de la complejidad lógica[232]de la ciencia jurídica, no debe de existir contradicciones entre las proposiciones[233]normativas ni en las premisas que estas encierran, por eso el derecho debe de concentrarse en la norma.

La hermenéutica debe de utilizarse para la comprensión entre lo textual e intertextual, buscando identificar el verdadero significado de la norma, desde lo lógico, teleológico e histórico[234], teniendo mejor conocimiento de lo plasmado en el artículo a analizar.

---

230 Tena Ramírez Felipe. Derecho constitucional mexicano. Editorial Porrúa. México 1983, p. 16.

231 López Bello Héctor. Instituto de la Judicatura Federal, tomado de Hermenéutica e interpretación jurídica (Presentación) | InfoLibros.org Consultada el 05/03/2024

232 Valencia Grajales José Fernando y Marín Galeano Mayda Soraya. Investigación teórica, dogmática, hermenéutica doctrinal y empírica de las ciencias jurídicas. Revista Ratio Juris, vol. 13, núm. 27. Universidad Latinoamericana. Medellín Colombia, julio-diciembre 2018, p. 20.

233 Ídem.

234 Ibídem, p. 22.

"Pero tanto la dogmática, la hermenéutica y la doctrina requieren de confrontaciones con la realidad al momento de su aplicación, lo que nos lleva a la realidad empírica versus la aplicación normativa"[235]

La hermenéutica aplicada a la norma constitucional, debe de estar encaminada a la comprensión e interpretación de una norma jurídica, pero apegada a la realidad social, para dilucidar el problema jurídico, bajo la perspectiva de sacar a flote lo que en un primer análisis se hace esquivo al operador jurídico, buscar el verdadero sentido, mediante un proceso de interpretación no basado en la autoridad del poder judicial[236], o en la facultad que la propia Constitución otorga, sino en la comprensión sistemática de todo el entorno jurídico.

Sería bueno entonces aplicar en la interpretación de la norma constitucional el método histórico, no obstante que carecemos de algún método distinto que lo haya superado, empero se ha emprendido la tarea de investigar con el método técnico jurídico aplicado al derecho público, sin haber avanzado, más sin embargo, autores como Jellinek han utilizado el método aplicado a la teoría del Estado para la interpretación de la norma constitucional, pero no resulta aplicable, puesto que, aplicar a una materia un método de otra, resulta en ocasiones confuso[237].

Lo que nos lleva a concluir que es necesario buscar un nuevo método para la interpretación de la norma constitucional, que esté libre de influencias políticas, económicas o sociales, un método que aborde la norma de la carta magna de manera pura, sin el influjo de algo o de alguien. ¿Difícil? sí, sobre todo cuando existe una red

---

235 Ídem.

236 Castaño Zuluaga Luis Ociel. La hermenéutica y el operador jurídico en el nuevo esquema constitucional. Pautas a considerar para el logro de una adecuada interpretación jurídica. Revista Opinión Jurídica, vol. 8, núm. 15. Universidad de Medellín. Enero-junio 2009. Medellín Colombia, p. 84.

237 Tena Ramírez Felipe. Derecho constitucional mexicano. Editorial Porrúa. México 1983, p. 79.

de complicidades para buscar la gobernanza, en muchas ocasiones con base en una interpretación constitucional ad hoc, por lo que el método tendrá que ser eminentemente científico, alejado de influencias.

No está por demás buscar una combinación entre la hermenéutica y la dogmática jurídica como un nuevo método de interpretación constitucional, que pueda homogenizar el sentido real de la norma fundamental.

Si bien, "La dogmática jurídica que consiste en abstraer normas de los fenómenos jurídicos y en deducir las consecuencias que aquellas implican, alcanza aplicaciones innegables en el derecho constitucional"[238]. Que, en combinación con la hermenéutica jurídica, podría surgir el nuevo método de estudio y análisis de nuestra carta magna, en el que se tome en cuenta la realidad social del pueblo, pues constituye parte del Estado. Y en ese realismo social no podemos dejar de ver el método histórico, pues de hechos históricos surgió la Constitución.

No se ha podido llegar en nuestra época a un método que por lo menos en cierta medida sea universalmente aceptado[239]para la interpretación de la norma constitucional, por lo que es necesario explorar las alternativas e investigar para establecer uno que sea reconocido mundialmente.

Existe la necesidad de investigaciones metodológicas, que surgen por la situación en que se encuentra la ciencia del derecho y encontrar un método en el cual el analista de la norma capte su objeto, el derecho establecido en la Constitución, en relación con el sujeto al que va dirigido, para llevar a una decisión lógica en el caso concreto, mediante una sana critica[240].

---

[238] Ibídem, p. 80.

[239] Heller Hermann. Teoría del Estado. Editorial Fondo de Cultura Económica. México 2000, p. 235.

[240] Ibídem, pp. 54,55.

Siendo esto ya una necesidad urgente y necesaria, no solo para la interpretación de la norma constitucional y secundaria, sino para su aplicación homogeneizando criterios interpretativos.

"No es posible recluirse en el sentido formal de los textos, sin emplear el análisis psicológico e histórico para descubrir el significado real de la Constitución por debajo de su estructura formal"[241].

> La Suprema Corte de Justicia de la Nación, estableció que el intérprete jurídico puede acudir indistintamente a cualquiera de los métodos de interpretación, como son: gramatical, analógico, histórico, lógico, sistemático, causal o teleológico, para desentrañar, esclarecer o revelar el sentido de una norma, atendiendo a la voluntad del legislador o al sentido lingüístico, lógico u objetivo de las palabras. Si bien para fijar el alcance y la intención del legislador al regular una hipótesis legal en concreto, lo idóneo sería, en principio, recurrir a la apreciación de las justificaciones contenidas en la exposición de motivos que le dio origen; sin embargo, cuando por alguna causa no sea posible su revisión o consulta, ello trae consigo un impedimento para el operador jurídico que le permite acudir a la hermenéutica jurídica, a través de la interpretación de la norma atendiendo a los distintos métodos existentes[242].

En un capítulo diverso hablamos del apoyo de los principios filosóficos para la solución de las antinomias, pero es necesario también la ponderación conjunta y armónica de las leyes generales con la norma constitucional, algo que ya se ha dicho no solo por diversos autores sino también por la Suprema Corte de Justicia, lo que aquí interesa, es desentrañar tanto el sentido de la norma como la intención que el legislador busco al emitirla, para resolver el derecho intrínseco que pueda tener tanto una norma fundamental como una norma general y así aplicarlo al caso concreto y evitar incongruencias en su utilización, e inclusive, provocar nuevas contradicciones

---

241 Tena Ramírez Felipe. Derecho constitucional mexicano. Editorial Porrúa. México 1983, p. 81.

242 https://sjf2.scjn.gob.mx/detalle/tesis/2029114. Consulta 28/07/2024.

que impacten en la correcta administración de justicia y que el consumidor de esta tenga que acudir al amparo.

Nadie puede sostener seriamente que la aplicación de las reglas legales no puede ser otra cosa que una subsunción lógica bajo premisas mayores formadas conceptualmente[243].

Lo que nos lleva a una cuestión semántica en la interpretación de una norma, dejando a un lado la hermenéutica jurídica para pasar a significados particulares o individuales tanto del aplicador del derecho como de los litigantes.

La idea de la hermenéutica es comprender textos, es decir el contenido de ellos expresados: su sentido en un proceso en el que el sujeto que comprende no se comporta sólo receptivamente, pues tiene que leer textos en un lenguaje especializado de juristas para que su interpretación esté orientada al sentido inteligible de la norma[244].

En síntesis, lo que se busca en la hermenéutica jurídica, es encontrar el verdadero sentido de una norma constitucional y de una general o, dicho de otra manera, la autenticidad de la norma, a través de esta como un método interpretativo científico y como un presupuesto jurídico filosófico, pues como menciona Karl Larenz[245] "la metodología conduce queriéndolo o no a la filosofía" y constituye la base de la metodología jurídica[246].

Es por ello que un investigador en las ciencias jurídicas al buscar respuestas en las áreas que investiga debe responderlas por medio de una metodología científica, tendiente a generar conocimientos nuevos que aporten a la solución de un problema social[247].Entre

---

243 Larenz Karl. Metodología de la ciencia del derecho. Editorial Ariel. Madrid España 2001, p. 167.

244 Ídem.

245 Ibídem, p. 237.

246 Ob. Cit. Larenz, p. 238.

247 Valencia Grajales José Fernando y Marín Galeano Mayda Soraya. Investigación teórica, dogmática, hermenéutica, doctrinal y empírica de las Ciencias Jurídicas. Revista Ratio Juris, vol. 13, núm. 27. Medellín Colombia 2018, p. 19.

ellos la problemática tanto del acceso a la justicia como la administración de esta, que se presenta continuamente al intentar el ejercicio de una acción con la exigencia de tecnicismos innecesarios para acceder a la jurisdicción y las malas interpretaciones normativas dentro del procedimiento, sobre todo al dictar la sentencia.

Estamos pues ante la presencia de una nueva teoría del derecho que se ocupa de señalar cómo la interpretación normativa debe realizase bajo la perspectiva del respeto a los derechos humanos y a los principios jurídicos, "la teoría estructurante del derecho", con una metodología jurídica que determina la concreción de la norma jurídica al momento de la decisión por parte del operador jurídico[248].

Por lo que resulta importante como se asume, la interpretación y aplicación de la norma tanto constitucional como general por quienes ostentan la jurisdicción para la administración de justicia y la hermenéutica jurídica viene a ser una herramienta valiosa para tal fin.

Aunque existe ya un tipo de interpretación legal de la norma civil, establecida en el artículo 2673 del Código Civil del Estado de Jalisco al fijar las reglas de cómo deben de interpretarse los testamentos, en este caso no es necesario la hermenéutica, pues ya hay una disposición que señala la forma en que deberá de analizarse los testamentos.

> Artículo 2673. Para la interpretación de los testamentos se deberán de tomar en consideración las siguientes reglas:
>
> I. Debe atenderse más a la voluntad que al sentido literal de las palabras, tomando en cuenta para ello la educación, afectos, instrucción y medio de vida del testador;
>
> II. La interpretación se debe hacer considerándose a las costumbres y modo conocido que el testador tenía de entender las cosas y de expresarse;

---

248 Castaño Zuluaga Luis Ociel. La hermenéutica y el operador jurídico en el nuevo esquema constitucional. Pautas a considerar para el logro de una adecuada interpretación jurídica. Revista Opinión jurídica, vol. 8, núm. 15. Medellín Colombia 2015, p. 77.

III. Si la cláusula es ambigua, ha de interpretarse en favor de la validez de la disposición o del legado; debe buscarse que los testamentos produzcan efectos y no que se destruyan;

IV. Si alguna disposición es obscura, deben interpretarse en forma conjunta con las demás que aparezcan en beneficio de determinada persona;

V. Si el testador quisiera que surtan efecto dos disposiciones contradictorias, quedarán ambas sin efectos;

VI. Si no se alcanza a conocer el sentido, debe decidirse en favor del que tenga que ejecutar la disposición testamentaria;

VII. Si la duda es respecto de las diferencias en las cláusulas, y no sobre el legado, debe interpretarse más bien dando extensión al de la voluntad del testador que restringiéndola; y

VIII. La disposición hecha en términos vagos en favor de los parientes del testador, se entenderá que se refiere a los parientes más próximos según el orden de la sucesión legítima.

Esta interpretación legal ya instaurada en una norma jurídica es la excepción a la utilización de la hermenéutica y de principios filosóficos, pues el legislador señala claramente como debe de analizarse los testamentos y que sentido se les debe de otorgar a la clausulas o al contenido total de este.

Existe también en el Código Civil Federal, un capítulo que señala la manera en que deberán de interpretarse las cláusulas contractuales establecido en los artículos 1851 al 1857, al señalar:

Artículo 1851.- Si los términos de un contrato son claros y no dejan duda sobre la intención de los contratantes, se estará al sentido literal de sus cláusulas. Si las palabras parecieren contrarias a la intención evidente de los contratantes, prevalecerá ésta sobre aquéllas.

Artículo 1852.- Cualquiera que sea la generalidad de los términos de un contrato, no deberán entenderse comprendidos en él cosas distintas y casos diferentes de aquéllos sobre los que los interesados se propusieron contratar.

> Artículo 1853.- Si alguna cláusula de los contratos admitiere diversos sentidos, deberá entenderse en el más adecuado para que produzca efecto.
>
> Artículo 1854.- Las cláusulas de los contratos deben interpretarse las unas por las otras, atribuyendo a las dudosas el sentido que resulte del conjunto de todas.
>
> Artículo 1855.- Las palabras que pueden tener distintas acepciones serán entendidas en aquella que sea más conforme a la naturaleza y objeto del contrato.
>
> Artículo 1856.- El uso o la costumbre del país se tendrán en cuenta para interpretar las ambigüedades de los contratos.
>
> Artículo 1857.- Cuando absolutamente fuere imposible resolver las dudas por las reglas establecidas en los artículos precedentes, si aquéllas recaen sobre circunstancias accidentales del contrato, y éste fuere gratuito, se resolverán en favor de la menor transmisión de derechos e intereses; si fuere oneroso se resolverá la duda en favor de la mayor reciprocidad de intereses. Si las dudas de cuya resolución se trata en este artículo recayesen sobre el objeto principal del contrato, de suerte que no pueda venirse en conocimiento de cuál fue la intención o la voluntad de los contratantes, el contrato será nulo.

Esto es, hay una serie de guía que dispone de un método legal para el análisis e interpretación de ciertas figuras jurídicas establecidas en materia civil, que no necesitan el auxilio de la hermenéutica jurídica ni de principios filosóficos. Así como existe la prueba tazada en la que se establece la forma en que debe de valorarse una prueba por parte del juez, de igual manera el legislador previó un modo en que estas dos figuras jurídicas deben de ser interpretadas, lo que resta el auxilio de métodos alternos de interpretación.

Pero no se da en todos los casos y es ahí donde será necesario el auxilio de la hermenéutica jurídica y de principios filosóficos, siendo la interpretación legal la excepción. En otras palabras, la hermenéutica supone la normalidad y la interpretación legal la excepcionalidad.

LOS PRINCIPIOS FILOSÓFICOS EN LAS ANTINOMIAS

Hay casos no regulados en el derecho que conforman un espacio vacío[249], que son lagunas jurídicas que se resuelven con los principios entre ellos los filosóficos, de ahí la importancia del tema a tratar, porque estos principios nos sirven también para resolver los conflictos normativos.

En materia de antinomias, tenemos que acudir también para un mejor entendimiento de estas a principios filosóficos y de lógica jurídica para resolver el enfrentamiento normativo existente.

Si bien, el principio filosófico carece de disposición normativa, (constitucional o legislativa), son elaborados o construidos por los intérpretes del derecho, al formular un principio inexpreso (que no está en una norma jurídica), edificado a través de la lectura de textos jurídicos[250], resulta útil en la solución de colisiones normativas.

Así podemos aplicar diversos principios filosóficos para que, mediante el análisis del precepto, resolver una o más contradicciones existentes.

Por ejemplo, el principio lógico de contradicción establece que dos proposiciones contradictorias no pueden ser ambas verdaderas; dos normas contradictoriamente opuestas no pueden ambas ser válidas.

> De manera semejante, el principio lógico de tercero excluido afirma que dos juicios contradictorios no pueden ser ambos falsos, en tanto que el correspondiente jurídico declara que normas de derecho contradictorias entre sí no pueden carecer de validez la dos. Por último, el principio lógico de razón suficiente expresa que todo juicio para ser verdadero ha

---

249 Alexy Robert. Derecho y razón práctica. Editorial Fontamara. México 2021, p. 8.

250 Guatini Ricardo. La sintaxis del derecho. Editorial Marcial Pons. Madrid 2016, p. 81.

menester de una razón suficiente, mientras el jurídico indica que toda norma, para ser valida, necesita un fundamento suficiente de validez[251].

El principio lógico del tercero excluido es un principio originalmente aristotélico, aplicado a la filosofía, se le conoce como principio de exclusión del término medio, principio del medio excluido, principio del tercero excluido o principio del tercer término excluido[252], pero también ha sido aplicado en materia procesal en las antinomias.

Este principio declara que todo tiene que ser o no ser. Afirmar, simultáneamente que "A es" y "A no es", es imposible, en otras palabras, no puede haber dos supuestos verdaderos.

Si decimos, por ejemplo, que "el perro es un mamífero" y que "el perro no es mamífero", no podemos rechazar estas dos proposiciones como falsas, pues no hay una tercera posibilidad. Este principio de tercero excluido es preciso reconocer que una alternativa es falsa y otra verdadera y que no cabría una tercera posibilidad.

En su forma original, se refiere también a una estructura de la realidad y consiste en la afirmación de que no hay término medio entre el "ser" y el "no-ser". La forma lógica de este principio debe entenderse como afirmando que dos juicios contradictorios no pueden ser ambos falsos[253].

Ante estas dos posiciones contrarias, una tendrá que ser verdadera y la otra tendrá que desaparecer, entramos en cierto modo a una lógica jurídica que tendrá que aplicarse para resolver el problema y tomar la decisión de cual norma aplicar, siempre y cuando exista contradicción o se contrapongan.

---

251 García Máynez Eduardo. El Principio Jurídico de Razón suficiente. Visto en www.biblio.juridicas.unam.mx., p. 22 Consulta 11/06/2019.

252 Mayorga Madrigal Alberto Cuauhtémoc. Claves de la Argumentación apuntes de clase de Argumentación Jurídica. Doctorado en Derecho generación 2012-2016. Universidad de Guadalajara.

253 Ídem.

Podemos acudir también al principio de la voluntad de la ley, para determinar la existencia de una antinomia, al respecto hay que diferenciar entre la voluntad de la ley y la voluntad del legislador; el legislador puede pretender o tener la voluntad de que la ley que dictó resuelva cierto problema o diga tal o cual enunciado, pero en la práctica, al aplicarse o bien no resuelve el problema, o el enunciado es distinto al que el legislador pretendía, de ahí que será necesario acudir a la voluntad de la ley como un principio resolutorio de antinomia.

Habrá que interpretar que a lo que el juez debe atenerse para someterse al sentido claro de la ley, o ver la voluntad de la ley. Consiguientemente el juez no debe hacer otra cosa que subsumir bajo la ley. Y de ahí parece deducirse entonces que una decisión judicial es correcta cuando puede ser presentada como el resultado de la subsumisión bajo una ley[254].

Es un hecho que hay normas eficaces e ineficaces y en cierto punto contradictorias, que en la praxis judicial conciben sentidos distintos, en ocasiones de un modo amplio y en otras de un modo estricto, en algunos casos poco explicitas o complejas, por lo que al momento de aplicarlas debe de buscarse su propio sentido, de no encontrarlo buscar el sentido que favorezca la continuación del procedimiento.

"Todo esto hace necesario que la apelación a la vinculación del juez a la ley vaya acompañada de la prohibición de la negativa a juzgar, que significa que el juez no puede apelar al silencio o a la oscuridad de la ley"[255].

En ocasiones el derecho procesal se torna rígido en cuanto a su aplicación, cuando en algunas situaciones (frecuente a veces), debe de ser blando, esto es, suave en cuanto a su empleo e interpretación, ponderando el derecho a la jurisdicción, si bien el sentido de una

---

254 Schmitt Carl. Posiciones ante el derecho. Editorial Tecnos. Madrid 2012, p. 22.

255 Ibídem, p. 23.

norma adjetiva se expresa mediante enunciados que encierran un significado a través de las palabras que facilitan su comprensión, en muchas ocasiones no es bien entendido, lo que dificulta su entendimiento y aplicación.

"Así el sentido lógico de un juicio a veces no es bien recogido por las palabras, pues estas, debido a su ambigüedad, falta de precisión o variedad en sus acepciones, deja escapar el sentido lógico del juicio expresado"[256].

Entonces nos enfrentamos a la problemática de la aplicación normativa adjetiva al momento del desarrollo del procedimiento, desde el auto de admisión o no admisión de una demanda, hasta la ejecución de la sentencia. ¿Qué norma aplicar cuando más de una encierra distintos enunciados?, en ocasiones contradictorios entre sí.

Será necesario entonces acudir a los principios filosóficos, que no determinan una decisión, pero proporcionan razones que hablan en favor o en contra de ella[257].

Entramos por lo tanto a una racionalidad procesal cuya argumentación debe de ser sin limitación y con la motivación de dar entrada al procedimiento, pues servir de arbitro ante un conflicto entre particulares o entre el Estado y sus gobernados es el fin del juzgador y el impartir justicia una función del Estado, pero también un derecho humano el acceder a la justicia, por lo que no debe de buscarse tecnicismos jurídicos en la mayoría de los casos innecesarios para no admitir una demanda.

En este sentido, una norma procesal no tiene vida propia si no es aplicada, y en la aplicación debe de ser interpretada en todo su contexto del lenguaje jurídico, sin obstaculizar el desarrollo procedimental, pues es el ideal de una norma adjetiva.

---

256 Cisneros Farías. Lógica Interna del Derecho. Editorial Porrúa. México 2017, pp. 18,19.

257 Alexy Robert. Derecho y razón práctica. Editorial Fontamara. México 2021, p. 10.

Entendemos entonces que el derecho supone estar vinculado al problema del lenguaje, sujeto a límites de su capacidad de expresión, en un vocabulario determinado[258], en donde en muchas ocasiones entra en juego la semántica jurídica.

Partiendo de que existe una vaguedad de normas jurídicas incluyendo las procesales, en que la interpretación es ineludible a través de su análisis al momento de ser aplicadas, resulta necesario en tal caso, la utilización de principios filosóficos.

Como señala Pablo Navarro, la interpretación es inevitable para identificar las normas que expresan los textos que ha promulgado la autoridad normativa, para determinar su alcance y para aplicar normas generales a casos particulares[259].

Así entonces, el derecho adjetivo tiene normas obligatorias tanto para el juzgador como para las partes, establece conductas de actuar o no actuar, sobre todo en los procedimientos que son a petición de parte, esto es, aquellos que no transcurren o pasan de una etapa a otra sin promoción o a solicitud del actor o demandado, pero en su aplicación requieren de una interpretación para que sea operable la normatividad procesal; lamentablemente existen interpretaciones innecesarias que trastocan al sistema procesal y que buscan antinomias donde no las hay, en perjuicio de una parte o de ambas dentro de una controversia.

Esto nos lleva a un principio de decisionismo judicial, dejando al desamparo al justiciable, entrampándose en una confusión que crea inseguridad jurídica, sobre todo cuando la norma a aplicar en un caso concreto es confusa o se hace con un interés especial fuera de lo jurídico, económico, político social etc.

Por lo que siempre será necesaria en la decisión que tome el juzgador la interpretación, para que la identificación de la norma que se va a aplicar justifique su resolución[260].

---

258 Ídem

259 Navarro Pablo E. Sistemas normativos y lagunas en el derecho. Editorial Marcial Pons. Madrid 2022, p. 91.

260 Ibídem, p. 90.

Si se considera que la consolidación de un ordenamiento jurídico sea a través de los operadores judiciales que actúen de manera imparcial como garantes de la eficacia del sistema legal, deben tender a encontrar respuestas correctas que permitan soluciones justas para todos[261], mediante una interpretación realizada con verdaderos significados, apoyándose en un momento dado en principios filosóficos.

Y en ese decisionismo los jueces producen normas de carácter particular a treves de sus sentencias y de carácter general a través de su reiteración o precedentes[262], lo que conocemos como jurisprudencia, en la que en muchas ocasiones interpretan una norma o un derecho, en otras crea principios jurídicos e interpreta los filosóficos.

El carácter del principio filosófico significa que no se trata de vaguedad, sino que se plantea con ellos una optimización en cuanto a la forma jurídica y en cuanto al fondo[263]de la norma, para esclarecer su contenido y significado.

> Los principios filosóficos del derecho y de la hermenéutica jurídica aconsejan que para descubrir el pensamiento del legislador, es necesario armonizar o concordar todos los artículos relativos a la cuestión que se trate de resolver para, en esa forma, conocer su naturaleza, sea para decidir entre los diferentes sentidos que la letra de la ley pueda ofrecer, sea para limitar la disposición, o bien, al contrario, para extenderla a los casos que el legislador parece haber olvidado, pero que se hallan evidenciados, supuesto que el órgano legislativo regula de modo general, mediante las leyes que expide, el conjunto habitual de las situaciones jurídicas y delega en el juzgador la facultad de encajar los casos imprevistos dentro

---

261 González Romero Raúl, et al. Algunas cuestiones sobre la decisión judicial en la teoría del derecho. Revista Vía Iuris, núm. 14 enero-junio 2013. Fundación Universitaria Los Libertadores Bogotá Colombia, p. 24.

262 Kelsen Hans. Teoría general del derecho y del Estado. Editorial Universidad Nacional Autónoma de México. México 1988, p. 258.

263 Alexy Robert. Derecho y razón práctica. Editorial Fontamara. México 2021, p. 16.

> de esas normas generales, valiéndose para ello de los procedimientos de la analogía o de la inducción, o del criterio existente dentro de las convicciones sociales que integran y orientan el orden jurídico vigente[264].

Existen inclusive principios filosóficos que han inspirado disposiciones legales, que a contrario sensu, estos principios pueden ser utilizados para descubrir la verdadera intención del creador de la ley, armonizando y concordando todos los artículos relativos al caso que se trate de resolver, así, decidir entre los diferentes sentidos que la norma puede ofrecer, bien limitándola o extendiendo su sentido y entorno, es una forma de encontrar o resolver las antinomias, por lo que, desconocer los principios filosóficos que inspiraron las disposiciones legales a aplicar, estableciendo criterios distintos, es negar la propia norma jurídica y de generarse estos criterios individuales por parte del juzgador, es entrar al decisionismo judicial en la que se aplique el derecho de manera arbitraria.

Por lo que, debe de generarse un sistema de prioridades, mediante una estructura de ponderación para crear un cierto orden prima facie en los principios a aplicar para la solución de la colisión normativa[265].

Recordemos que los principios filosóficos no es derecho positivado, al no encontrarse en una norma jurídica, pero deben ser conocidos y reconocidos para ser aplicados y no estar sujetos a la voluntad del juzgador, debiéndose de llevar a la práctica para ser aceptados como presupuestos de solución en las antinomias.

Uno de ellos es el principio jurídico de razón suficiente, en este, todo juicio debe de tener una razón de ser, esto es, tener un fundamento[266].en el ejercicio de juzgar, será el encontrar la justicia para hallar la verdad o falsedad de un acto o hecho (claro, también a tra-

---

264 https://sjf2.scjn.gob.mx/detalle/tesis/372026. Consulta 25/07/2024.

265 Alexy Robert. Derecho y razón práctica. Editorial Fontamara. México 2021, pp. 17, 18, 19, 20.

266 García Máynez Eduardo. Introducción a la Lógica Jurídica. Editorial Colofón. México 2017, p. 103.

vés de la prueba) y aplicar el derecho, fundamento lógico en todo juicio, para generar una comunidad en orden.

En la lógica jurídica, este principio alude también a la validez o invalidez de una norma, en la que necesita de un fundamento suficiente para ser aplicada[267].

En la práctica, "encontramos su sustento en un axioma consistente en que ningún enunciado fáctico puede ser verdadero sin que haya una relación suficiente para que sea así y no de otro modo"[268].

Si lo aplicamos al empleo de normas en un juicio, debe de existir una correlación entre lo juzgado con la norma valida a aplicar, que se vea reflejado en la sentencia, por lo que es completamente posible su uso desde la perspectiva procesal.

El principio jurídico de razón suficiente hace depender la validez de toda norma de cierto fundamento. Una norma de derecho sólo puede ser válida si posee un fundamento bastante, lo cual no reside en la norma misma, sino en algo que con ella se relaciona y le sirve de base, por lo que para determinar si una norma jurídica es o no válida resulta indispensable recurrir a un criterio idóneo, para preguntar si existe o no una razón que pueda abonar su fuerza obligatoria[269].

Para el caso que nos ocupa de las antinomias, su aplicabilidad se da al momento de dictar la sentencia, puesto que el juez, tendrá que ver la validez de una o más normas al momento de emplearla, buscando la no contradicción y ver si existe razón suficiente para determinar cuál aplica o no al caso en particular que va a resolver.

En cuanto a las partes en litigio, resulta conveniente su uso puesto que deberá de saber su abogado que norma es la suficientemente

---

267 Ibídem, p. 104.

268 Del Rio Ferretti Carlos. Las condiciones normativas del juicio de hecho y el denominado principio de razón suficiente, a propósito del recurso de nulidad en el proceso penal chileno. Una critica procesal. Revista Brasileña de Direito Processual Penal, vol. 8 núm. 2. Brasil 2022, p. 825.

269 García Máynez Eduardo. Introducción a la Lógica Jurídica. Editorial Colofón. México 2017, p. 105.

válida y no contradictoria para pedir su aplicación dentro del procedimiento.

SISTEMA JURÍDICO DE INTERPRETACIÓN DE NORMAS

Una vez señalados los principios para llegar a la antinomia, acudiremos a un sistema de interpretación jurídica.

Antes que nada, debemos de señalar que es la interpretación. Interpretación proviene del latín *interpretatio,* a su vez del verbo *interpretor*, que significa servir de intermediario, venir en ayuda de. El verbo *interpretor* deriva de *interpres*, que significa agente intermediario. *Interpres* designa también al traductor, un intermediario singular, el que aclara, el que explica o que hace accesible lo que no se entiende. Así, *interpretatio* se aplica a lo que hace aquel que lee o entiende otras cosas[270].

Interpretar consiste en dotar de significado, mediante un lenguaje significativo ciertas cosas, signos formulas o acontecimientos. De ahí que interpretar consista en un acto por el cual se asigna significado especifico a ciertos hechos, signos, formulas o palabras[271].

Interpretar por tanto estriba en dotar de alcance o razón mediante un lenguaje significativo, ciertas palabras, cosas, rasgos, formulas o acontecimientos, de ahí que interpretar consista en un acto de significación, esto es, un acto por el cual se asigna un significado especifico[272], o un concepto de algo.

---

270 Tamayo y Salmorán Rolando. Razonamiento y argumentación jurídica. El paradigma de la racionalidad y la ciencia del derecho, México, Editorial Universidad Nacional Autónoma de México. México 2003, p. 134

271 Tamayo y Salmorán Rolando. Interpretación Constitucional, La falacia de la interpretación cualitativa, en Vázquez Rodolfo (Compilador). Interpretación Jurídica y decisión judicial. Editorial Fontamara. México 2006, p. 92.

272 Ibídem, p. 136

La interpretación jurídica puede corresponder entonces a dos casos:

a) Asignación de un significado jurídico a ciertos hechos (comportamientos humanos, *inter alia*), los cuales se constituyen en hechos jurídicamente interpretados.
b) Asignación de un significado jurídico (técnico) a objetos conocidos ya como jurídicos pertenecientes a un orden jurídico positivo[273].

Bajo estos postulados podemos interpretar la norma jurídica dándole un significado que más favorezca al ser humano y al derecho de acción, esto es, si se encuentra una antinomia, tendrá que buscarse la interpretación que mayormente favorezca a la persona y al ejercicio de la acción intentada, con el firme propósito de agilizar el procedimiento.

"Se toma conciencia de que el derecho tiene lagunas y antinomias, así como de que los cánones de interpretación conducen en ocasiones a resultados diversos"[274].

Siendo entonces que la interpretación jurídica de la ley es un proceso intelectual que surge al momento de la aplicación de la norma, que ocurre comúnmente durante el desarrollo del procedimiento, como de igual manera al momento de su análisis por parte de los estudiosos del derecho, pero existen casos en los que el derecho no determina la decisión judicial porque estamos sujetos a la discrecionalidad del juzgador y no a la aplicación estricta de la ley. Teniendo en un momento dado tener que discernir entre distintas soluciones posibles cual es la que mejor se acomoda a la Constitución y si esta establece de manera clara que o como debe de interpretarse conforme a los derechos humanos. Es claro entonces que una antinomia debe de declararse en sentido que más favorezca a la persona.

---

273 Ibídem, p. 138.

274 Iturralde Sesma, Victoria. Lenguaje legal y Sistema Jurídico, Cuestiones relativas a la aplicación de la ley. Editorial Tecnos. España 1989, p. 36.

El acto de interpretación que realiza el órgano aplicador está condicionado de forma determinante, por las nociones, concepciones y dogmas jurídicos, elaborados y mantenidos por la doctrina y la práctica profesional. El órgano aplicador, de entre todas las significaciones que es posible hacer, escogerá una (la conveniente, la justa) siguiendo para ello los métodos hermenéuticos recibidos por la tradición jurídica a la que pertenece. Así, el sentido que se dé al lenguaje jurídico dependerá de la formación o cultura jurídica a la que pertenece el orden jurídico en cuestión[275].

Es así qué, podemos acudir a la ley superior para solucionar el problema que deroga a la ley inferior, esto es un criterio jerárquico de normas, o ir al criterio cronológico para acudir a la ley posterior, o a un criterio de especialidad de la norma o inclusive a una simple interpretación gramatical, pero dentro de todos ellos se debe de privilegiar al ser humano y al derecho de acción. Esto es, será un sistema jerárquico, un sistema cronológico, un sistema de especialidad o un sistema gramatical.

Dentro de los sistemas de interpretación resalta uno importante que es el principio de lógica en el que sólo se aplican a enunciados que puedan ser verdaderos o no verdaderos; una contradicción lógica entre dos enunciados, consistiendo en que sólo el uno o el otro de ellos puede ser verdadero, en tanto cuando uno es verdadero, el otro tiene que ser falso.

Para efectos de las antinomias jurídicas una norma no es verdadera ni falsa, sino válida o inválida y por lo tanto solo una puede ser considerada objetivamente valida y, por lo tanto, aplicarla dentro del procedimiento.

Algunos autores señalan que son los jueces quienes corresponde resolver las antinomias, pero es también una obligación de la doctrina, quien, siendo especialistas en la materia jurídica de diversas ramas del derecho, interpretan la norma legal y pueden resolverlas.

---

[275] Tamayo y Salmorán Rolando. Nuevo Diccionario Jurídico mexicano. Editorial Porrúa. México 2001, p. 2134.

Toca entonces a los jueces ser los intérpretes oficiales del derecho, si bien el legislador es el creador de la norma, el juez es el aplicador de esta, quien debe de resolver las contradicciones, disipar las oscuridades y las faltas de precisión[276]. Pero como ya se señaló, es también quehacer del científico jurídico interpretar la norma, ubicar las antinomias y resolverlas, no puede ser solo tarea del juzgador, en tal caso para englobar, podemos decir que corresponde a los juristas.

Son muchos los problemas que se presentan al abordar el tema de la interpretación en el derecho. El primero es determinar qué textos son susceptibles de ser interpretados. Por una parte, existe un sentido restringido que establece que sólo aquellos cuyo contenido sea oscuro será objeto de interpretación[277].

"La tarea interpretativa tiene asignado como objeto específico desentrañar el sentido que estaba en la norma legal en donde se subsumía el caso individual"[278].

Dentro de estos sistemas jurídicos de interpretación, tenemos que establecer mecanismos para que los juristas, jueces, litigantes etc., resuelvan la antinomia a la que se puedan enfrentar y encontrar solución al problema, inclusive generar nuevos.

Uno de ellos puede ser la ponderación, esto es, determinar cuál norma tiene mayor peso para el caso concreto a aplicar y dar preferencia a la misma en su uso.

Si bien Ricardo Guastini critica a la ponderación como una forma de resolver la antinomia, porque para él es una preferencia del interprete sin control racional y, por lo tanto, el resultado no sería correcto[279].

---

276 Vigo Rodolfo L. Interpretación Argumentación Jurídica en el Estado de Derecho Constitucional. Editorial Tirant Lo Blanch. México 2017, p, 43, 44

277 Rascado Pérez Javier. La interpretación de los derechos humanos en el Estado Constitucional y Derechos Fundamentales, Javier Mijangos y González y Ricardo Ugalde Ramírez (Coordinadores). Editorial Porrúa. México 2010, p. 357.

278 Ibídem, p. 46.

279 Guastini Ricardo, *Los Principios de Derecho y Discrecionalidad Judicial*. En file:///Users/martineduardoperezcazares/Downloads/Dialnet-PrincipiosDeDerechoYDiscrecionalidadJudicial-174776.pdf p, 42. Consulta 27/06/2019.

Pero en términos prácticos, la ponderación si puede resolver una antinomia cuando una norma viole derechos humanos, tendrá entonces el juzgador que ponderar cual norma no es violatoria y aplicarla, desechando la norma perjudicial, es entonces la ponderación un sistema perfectamente aplicable a las antinomias jurídicas, sobre todo en materia procesal.

Por consiguiente, entraríamos a lo que señala Riccardo Guastini, interpretación se emplea para referirse a la atribución de significado, a una formulación normativa en presencia de dudas o controversias en torno a su campo de aplicación: un texto se dice requiere de interpretación (sólo) cuando su significado es oscuro o discutible, cuando se duda sobre si es aplicable o no a un determinado supuesto de hecho[280].

Si vemos la teoría de *Principia Iuris*, en el sentido de que las proposiciones normativas no son verdaderas o falsa, sino que describen alguna realidad observable para definir conceptos y establecer relaciones entre ellos, para desarrollar sus implicaciones y analizar su forma lógica y su estructura normativa de manera explicativa; para comprender mejor su realidad práctica en el derecho positivo y sus principios constitutivos, cuando la normatividad viene dada con el carácter estipulativo del lenguaje. Los postulados y las definiciones se desarrollan axiomáticamente en teoremas que responden a opciones libremente elegidas y la lógica de la teoría adquiere un valor normativo frente a su objeto, con principios analíticos y descriptivos de la lógica, que hacen uso de las reglas de ortografía[281].

Tales principios son fundamentalmente dos, la coherencia y la plenitud, que permiten concebir al derecho como un sistema que de hecho no es pleno ni coherente, dado que irremediablemente

---

280 Guastini Riccardo. Estudios sobre la interpretación jurídica. Editorial Porrúa. México 2002, pp. 3,4

281 Sanchís Prieto Luis. La teoría del derecho de Principia Juris, En Para Leer a Luigi Ferrajoli. Coord. Miguel Carbonell. Editorial Tirant lo Blanch. México 2017, pp. 92-96.

aparecen lagunas y antinomias, que a su vez es reflejo de la propia normatividad del derecho frente a sí mismo[282].

Como resultado, la interpretación de la norma debe estar condicionada a la no afectación de los derechos humanos y, al declarar una antinomia que en su interpretación afecte derechos fundamentales, resulta esta invalida.

Por lo tanto, una declaración de antinomia puede ser una interpretación mal hecha o indebida que trastoca el sistema procesal, es algo así como un cuerpo extraño dentro del ADN del procedimiento que inclusive puede violar derechos humanos, convirtiéndose en un tumor maligno que hay que extirpar.

Al ejercer el control de convencionalidad en materia de derechos humanos, la corte mexicana estableció que deben realizarse los siguientes pasos: a) Interpretación en sentido amplio, que significa que los jueces del país y todas las demás autoridades del Estado mexicano deben interpretar el orden jurídico a la luz y conforme a los derechos humanos reconocidos en la Constitución y en los tratados internacionales en los que el Estado mexicano sea parte, favoreciendo en todo tiempo a las personas con la protección más amplia; b) Interpretación conforme en sentido estricto, que significa que cuando haya varias interpretaciones jurídicamente válidas, partiendo de la presunción de constitucionalidad de las leyes, los jueces deben preferir aquella que haga a la ley acorde a los derechos humanos reconocidos en la Constitución y en los tratados internacionales en los que el Estado mexicano sea parte, para evitar incidir o vulnerar el contenido esencial de estos derechos; y, c) Inaplicación de la ley cuando no sea posible efectuar una interpretación conforme de la norma analizada, frente a la Constitución.

Luego entonces, para resolver una antinomia debe de buscarse siempre la norma que más favorezca al ser humano y en cuanto al ámbito procesal, la que beneficie el derecho de acción que implica

---

282 Ibídem, p. 97.

el dar acceso a la justicia, quitando formalismos jurídicos innecesarios e interpretaciones estériles carentes de sustento legal.

ORIGEN INVOLUNTARIO DE LAS ANTINOMIAS

Al momento que nuestro sistema de derecho es multijurídico, al existir un sinnúmero de leyes de diversas ramas legales, existe la posibilidad de encontrar diferentes contradicciones de preceptos normativos que regulan un caso concreto, puesto que resulta común que el legislador norme conductas parecidas, pero con sanciones diferentes de manera involuntaria[283].

Se trata de dos enunciados equivalentes sobre la misma cosa[284], o hecho que norma el legislador, con la idea de establecer comportamientos y castigos en caso de no acatarlas.

"Las constantes imprecisiones en el uso del lenguaje jurídico, por parte del legislador, al conceptualizar las ideas y plasmarlas en los textos jurídicos, originan, frecuentemente, incompatibilidades, incoherencias y antinomias"[285].

Bajo esta premisa de que las antinomias surgen en ocasiones de forma involuntaria, podemos destacar que existen dos posiciones encontradas sobre la existencia o inexistencia de estas: a) que el sistema es totalmente coherente y no existen las antinomias y b) que el derecho es cambiante y vivo, y que es posible que existan las antinomias porque el derecho no es estático[286].

---

283 Villar Godínez Sujey Azucena. Las antinomias y el principio pro-persona: la interpretación de la ley por el legislador. En https://www.diputados.gob.mx/sedia/sia/redipal/TEMA2/T2_CRV-IX-01-16.pdf. Consulta 9/09/2023.

284 Cruz Parcero Juan Antonio. El lenguaje de los derechos. Editorial Trotta. México 2012, p. 37.

285 Lastra Lastra José Manuel. Derecho a la lengua y lenguaje jurídico. En https://archivos.juridicas.unam.mx/www/bjv/libros/2/740/5.pdf, p. 1. Consulta 11/05/2024.

286 Villar Godínez Sujey Azucena. Las antinomias y el principio pro-persona: la interpretación de la ley por el legislador. En https://www.diputados.gob.mx/

En lo que respecta al inciso a), en el Derecho Romano se consideró a través de los siglos que no existían antinomias ya que las normas entre si tenían plena coherencia además de ser una constante para los intérpretes durante la vigencia de este derecho[287].

En lo que respecta al inciso b), Comte consideraba a la sociedad como un proceso de evolución y progreso[288], y ante ese proceso evolutivo, el derecho forma parte de él, lo que implica que de igual manera se va desarrollando conforme a la sociedad misma, adaptándose a los cambios sociales, modernizándose en algunos aspectos. Pero como bien lo señala Villar Godínez, hay un aspecto involuntario en el legislador al momento de establecer conductas y sanciones en distintas normas jurídicas, lo que no lleva a las antinomias, podríamos decir inclusive a las antinomias involuntarias.

Prieto Sanchís ha señalado que el derecho es dinámico y como tal es factible que existan disposiciones normativas contradictorias[289].

Es importante resaltar, que dos normas formuladas por la misma autoridad pueden resultar contradictorias respecto de un sujeto y no respecto de otro, tanto como dos normas dictadas por diferentes autoridades normativas, pueden ser reputadas incompatibles entre sí respecto de un cierto sujeto[290].

Esta involuntariedad, se torna en muchas ocasiones conflictos normativos que ponen en predicamento al aplicador del derecho, para saber no solo cual norma aplicar, sino que sentido le dará, por lo que es necesario que desde su creación legislativa se establezca un

---

sedia/sia/redipal/TEMA2/T2_CRV-IX-01-16.pdf. Consulta 9/09/2023.

287 García Murillo José Guillermo. Las antinomias en el derecho, el porqué de su origen y el cómo de sus posibles soluciones. En https://cuci.udg.mx/sites/default/files/garcia_murillo.pdf. Consulta 9/09/2023.

288 Eztioni Amitai y Etzioni Eva. Los cambios sociales. Editorial Fondo de Cultura Económica. México 2003, p. 13.

289 Prieto Sanchís Luis. Apuntes de Teoría del derecho. Editorial Trotta. 6ª. Edición. Madrid España 2011, p. 132.

290 Rodríguez Jorge Luis. Teoría analítica del derecho. Editorial Marcial Pons. Madrid España 2021, p. 397.

método para su promulgación, con la idea de localizar norma que ya han sido promulgadas y no choquen con la nueva, en donde podría utilizarse la inteligencia artificial para tal fin.

Problemas que van desde los conceptuales que se tornan en semántica jurídica, y terminan en problemas de fundamentación, pues se dificulta relacionarlos con los hechos[291] tanto al litigante, como al juzgador, importante en este último caso, pues de ello depende el resultado de una sentencia.

Muchas de las antinomias se presentan por la interpretación que realizan durante su actividad el juzgador siendo estas salvables[292], si se establece un método legislativo como ya lo mencioné para evitarlas desde la generación de la norma jurídica, como para su apreciación, mediante un análisis sistemático, esto es, dar al juzgador un método para su interpretación, de manera tal que sea homogéneo y evitando un daño durante el procedimiento, impidiendo la violación de derechos humanos al interpretarla y aplicarla, puesto que es durante la actuación procedimental cuando aparecen o por lo menos saltan a la luz jurídica.

Habría que decir también, que en muchas ocasiones no solo el desconocimiento jurídico del legislador, sino el pretender distinguirse proponiendo leyes innecesarias o normas ya establecidas en diversas legislaciones, que resultan contradictorias, hace que se den conflictos normativos, recordemos que el legislador no deja de ser político y su actuar en la más de las ocasiones es protagónico, sin estudiar si existe ya una norma que contradice a la que pretende promulgar, lo que termina en una antinomia involuntaria, que por supuesto afecta al sistema jurídico y cuando es aplicada produce conflictos, sobre todo al momento de dictar una sentencia.

---

291 Cruz Parcero Juan Antonio. El lenguaje de los derechos. Editorial Trotta. México 2012, p. 53.

292 Villar Godínez Sujey Azucena. Las antinomias y el principio pro-persona: la interpretación de la ley por el legislador. En https://www.diputados.gob.mx/sedia/sia/redipal/TEMA2/T2_CRV-IX-01-16.pdf. Consulta 10/09/2023.

Es frecuente en la práctica que un legislador dicte una norma que regule un caso enlazándolo con una solución y otra que correlaciones exactamente el mismo caso con una solución inconciliable con la primera[293].

Otra de las antinomias involuntarias son las contradicciones entre un artículo de la ley y una jurisprudencia[294]. Que se da una vez que se aplica un artículo en una sentencia y mediante la promoción de un amparo, previo al análisis e interpretación de la norma, la Suprema Corte o los Tribunales Colegiados establecen otro sentido diverso del artículo en estudio.

EL LENGUAJE DEL DERECHO EN LA ANTINOMIA

A través del lenguaje podemos comunicarnos, bien sea de manera verbal o escrita, una de estas formas es a través de la norma jurídica, es parte de una herramienta para reglamentar la vida humana, pues con ella podemos prohibir o permitir acciones, sancionarlas, clasificar hechos y conductas.

El derecho tiene un lenguaje distinto al común u ordinario utilizado por la población, el léxico jurídico en ocasiones es confuso para la población, poco entendible incluso para que la convivencia humana sea sana, con el supuesto de lograrlo a través de las normas legales, que casi nunca son explicadas a la ciudadanía y en ocasiones ni dadas a conocer.

El material normativo de los ordenamientos jurídicos se caracteriza por depender de su exigibilidad por medio del lenguaje o de formulaciones lingüísticas[295].

---

293 Rodríguez Jorge Luis. Teoría analítica del derecho. Editorial Marcial Pons. Madrid España 2021, p. 398.

294 García Máynez Eduardo. Introducción a la Lógica Jurídica. Editorial Colofón. México 2017, p. 90.

295 Agüero-San Juan Sebastián. Las antinomias y sus condiciones de surgimiento. Una propuesta para los enunciados normativos. En Revista de Derecho (Valdivia). Universidad Austral de Chile, vol. XXVIII N° 2 dic. 2015, p. 33

"El jurista utiliza enunciados quizás inusuales para el ciudadano común, por no estar vinculado con la ciencia jurídica". Pero difícilmente la ciudadanía no especializada entenderá plenamente su significado[296].

La norma, es una expresión usada en una oración para ordenar, prohibir o permitir ciertas conductas, pretendiendo dirigir las conductas del agente a quien va dirigido, pero su interprete toma el verdadero significado[297]. Es en sí, la forma de ordenar la conducta humana que lleva implícita un mandato, permisivo, imperativo o prohibitivo.

Las normas son "enunciados cuyo objeto es la conducta humana". Estos enunciados, para ser comunicados y recibidos, son "formulados mediante expresiones lingüísticas". El lenguaje jurídico utiliza reglas prescriptivas, porque desea proponer o provocar ciertas conductas en los destinatarios[298].

Estas expresiones lingüísticas, comúnmente son interpretadas por el aplicador del derecho, sobre todo en las sentencias que deciden un juicio, el problema es cuando un juzgador le otorga un significado distinto a otro, provocándose antinomias innecesarias, por falta de una homogenización en la apreciación de la norma o digamos en un lenguaje jurídico más exacto.

En el Derecho se usan las normas que regulan la vida diaria en base a la lógica de cada juez; esta opinión indica que los principios de la lógica, especialmente el principio de contradicción excluida y la regla de inferencia, son aplicables a las normas jurídicas. Un ejemplo en el que se aplica el principio de la lógica al derecho es

---

296 Lastra Lastra José Manuel. Derecho a la lengua y lenguaje jurídico. En https://archivos.juridicas.unam.mx/www/bjv/libros/2/740/5.pdf, p. 3. Consulta 11/05/2024.

297 Rodríguez Jorge Luis. Teoría Analítica del derecho. Editorial Marcial Pons. Madrid 2021, p. 57.

298 Lastra Lastra José Manuel. Derecho a la lengua y lenguaje jurídico. En https://archivos.juridicas.unam.mx/www/bjv/libros/2/740/5.pdf, p. 4. Consulta 11/05/2024.

cuando existe un conflicto de normas y existe una situación en la cual dos normas son válidas y una prescribe una conducta específica mientras que la otra, una conducta incompatible con la primera[299].

El juez se encarga de aplicar los conceptos en una "previa traducción lógica", la cual permite que el ejercicio de interpretación esclarezca el contenido de la norma y, por lo tanto, el significado[300]. Lamentable como ya lo mencione, cuando se le da distinto significado, esto produce un desorden en el destinatario de la norma, al no saber el verdadero alcance de esta, más aún cuando el significado dado o la interpretación puesta es poco o nada explicada en una sentencia.

La lógica puede ser aprovechada en varios aspectos de la comunicación y de la toma de decisiones en el derecho, aplicándose con un razonamiento que tienda a esclarecer el uso de la norma. Es una herramienta de la que no puede prescindir, particularmente, el jurista[301].

"Independientemente de cuál sea el grado de sofisticación conceptual con el que afrontamos el derecho, hay una cosa clara, el derecho -o al menos el derecho moderno- es un fenómeno lingüístico". Exceptuando el derecho consuetudinario el cual no es un fenómeno lingüístico[302].

Para efectos del lenguaje jurídico, es necesario precisar qué es normativo, en el que se prescriben enunciados, es por así decirlo un lenguaje técnico, que debe ser explicado a la población en general.

---

299 Fernández Procel Karla. La importancia de la lógica en el proceso. Revista de la Facultada de Jurisprudencia. Pontificia Universidad Católica de Ecuador, núm. 5 junio 2019, p. 6. Tomado de https://www.redalyc.org/articulo.oa?id=600263495007. Consulta 9/06/2024.

300 Lastra Lastra Ob. Cit.

301 Fernández Procel Karla. La importancia de la lógica en el proceso. Revista de la Facultada de Jurisprudencia. Pontificia Universidad Católica de Ecuador, núm. 5 junio 2019, p. 9. Tomado de https://www.redalyc.org/articulo.oa?id=600263495007 Consulta 9/06/2024.

302 Guadtini Ricardo. La sintaxis del Derecho. Editorial Marcial Pons. Madrid 2016, p. 41.

Por lo que, "la función de la argumentación en el discurso jurídico es relevante tanto en la investigación como en la toma de decisiones, por su carácter de fundamentación del significado atribuido a los enunciados normativos y las consecuencias jurídicas que de ello pueden derivarse". Analizar una disposición normativa es una labor que está estrechamente relacionada con su interpretación en primer lugar y con su justificación posteriormente[303].

Habermas señala que la comprensión por parte del juez, de una norma, viene acuñada y determinada por un contexto de tradición jurídica y el tipo de usos y costumbres del lugar donde se realiza[304]. Por lo que, como lo he mencionado en otro capítulo, es necesario proponer un modelo procedimental que permita un análisis del lenguaje normativo, mediante criterios específicos, entendibles para el grueso de la población, pues es a ella a la que se le aplica el derecho.

De tal manera que los textos jurídicos deben ser analizados de manera semántica (de significado), sintáctica (de estructura) y pragmática (de uso)[305]. Buscando el verdadero fin del derecho, mediante un lenguaje sencillo, entendible, sin tantos tecnicismos, lo que llevaría inclusive a que se conozca mejor y por ende a su respeto y acatamiento, que redundaría en tener que sancionar menos, acercándonos tal vez al estado de derecho en beneficio de la sociedad y de una mejor democracia.

La relación entre derecho y la literatura jurídica, ocasiona la discusión acerca del papel que esta última puede desempeñar en el mundo de los abogados. En particular, existe una corriente académica que sostiene que la lectura de textos literarios puede ayudar a

---

303 Huerta Ochoa Carlos. Interpretación y argumentación en el derecho en Revista Problema. Anuario de Filosofía del derecho, núm. 11, enero-diciembre 2017, p. 381, recuperado de 2007-4387-paftd-11-379.pdf (scielo.org.mx). Consulta 3/06/2024

304 Habermas Jürgen. Factibilidad y Validez. Editorial Trotta. Madrid 2010, p. 269

305 Huerta Ochoa Carlos Ob. Cit.

los postulantes y a los jueces para desempeñar de mejor manera su trabajo[306]. Dando con ello más conocimiento y por lo tanto mejores herramientas para resolver un caso, con mayor entendimiento en la aplicación de la norma, esto es, puede existir una mejor comprensión del precepto jurídico a aplicar.

La potencialidad de la aplicación de los postulados del "Plain Language" al mundo del derecho, en especial, al mundo de los tribunales, es enorme. La idea es que las sentencias, las opiniones judiciales, "la escritura de los jueces", sea realizada de forma clara, precisa, sucinta y efectiva, bajo el argumento de que la misma debe ser entendida por aquellos a quienes van dirigidas[307].Sentencias sencillas sin rebuscamiento o tecnicismos jurídicos poco entendibles, que lo mismo debe de ser el derecho en general, claro, no oscuro, patente y evidente desde su lectura.

Existe una gran diferencia entre el lenguaje de la ley y el lenguaje de los abogados, pues en muchas ocasiones, los profesionales del derecho no hablan el mismo lenguaje de la ley, sino el lenguaje de los abogados o, lo que es lo mismo, el lenguaje del gremio, el cual, en muchas ocasiones, es farragoso, abigarrado, oscuro e impenetrable[308]. Lo que produce distorsión no solo en el entendimiento del derecho en general, sino en la confusión, utilizándose frecuentemente la metonimia, que en ocasiones deforma el verdadero significado de la norma en perjuicio de su aplicación.

---

306 Pérez Carlos. Derecho y literatura. Revista Isonomía N° 24, abril de 2006, p. 142. Tomado de https://www.scielo.org.mx/pdf/is/n24/n24a8.pdf. Consulta 7/06/2024.

307 Ibídem, p. 145.

308 Pérez Carlos. Derecho y literatura. Revista Isonomía N° 24, abril de 2006, p. 142. Tomado de https://www.scielo.org.mx/pdf/is/n24/n24a8.pdf. Consulta 7/06/2024.

METONIMIA EN LA ANTINOMIA E INTERPRETACIÓN

Concepto

La metonimia es una cuestión semántica[309] de expresiones, enunciados u oraciones que nos puede llevar a la confusión y en ocasiones a las antinomias jurídicas, lo que impacta en ocasiones en el acceso a la justicia.

Es nombrar una cosa por otra[310], en materia jurídica es nombrar una figura jurídica o un hecho con palabras a las cuales se les da el mismo significado, pero que no cambia el sentido de la oración; es así que puede haber cambios semánticos al momento de dictar o escribir una demanda, que el juzgador al momento de analizarla debe de valorar para su admisión, esto es, si pretendemos cambiar conceptos dándoles el mismo significado, será el juez quien en su caso deberá de valorar el cambio de semántica en las palabras o enunciado, ejemplo, podemos decir en lugar de la vía mercantil ejecutiva, que venimos a demandar en forma ejecutiva, o en vía privilegiada o en juicio ejecutivo, o en procedimiento sumario o en un procedimiento rápido etc.

Si manifestamos que ejercitamos acción de pago en lugar de acción cambiaria directa, tendrá el juzgador en su caso, que valorar respecto a qué quiso decir el justiciable; así como la corte frecuentemente establece en sus jurisprudencias lo qué quiso decir el legislador, tratando de interpretar la legislación, sería en tal caso aplicar el mismo criterio o la misma razón en la metonimia para el accionante y hacer extensiva el acceso a la justicia, quitando trabas y formalismos, puesto que el artículo 17 de nuestra Constitución señala entre otras cosas la expedites en la justicia, esto es, sin obstáculo alguno.

---

309 https://www.significados.com/metonimia/. Consulta 18/07/2024.

310 https://dle.rae.es/metonimia. Consulta 18/07/2024

En otras palabras, metonimia es utilizar un nombre de una cosa cuyo significado resulta cercano o próximo al original, esto es, tratar de que exista una relación causa efecto entre una cosa, en este caso entre una figura jurídica y lo que se pretende expresar. Esto es, expresar el mismo enunciado con diversas palabras, en ocasiones cambiando la forma gramatical ejemplo: Mario firmo un pagaré a Martin que no ha sido liquidado, siendo Mario entonces deudor de Martin o podemos decir Martin resulta ser acreedor de Mario. Existe por tanto cierta lógica en la metonimia que al juzgador le corresponde analizar.

Un mismo enunciado tiene o puede tener en nuestro lenguaje diferentes acepciones o significados ej. Jurisprudencia puede ser la ciencia del derecho o el criterio reiterado de un órgano judicial en casos idénticos. La respuesta debe darse en relación con el sentido del conjunto de las palabras[311]. Por lo que en ocasiones debemos de leer o conocer todo el contexto de la oración para encontrar el verdadero sentido de lo que se quiso decir.

Etimológicamente metonimia viene del griego *meta,* más allá o cambio y *onomazein* nombrar, esto es, algo más allá de su significado[312], por ejemplo, al referirnos a un homicidio frecuentemente decimos o escuchamos decir "lo llenaron de plomo", dando por hecho que se trató de un homicidio o que hubo un homicidio.

La metonimia puede ser en tal caso una forma de metáfora[313], que se puede usar tanto en el lenguaje formal como informal, produce la sustitución de un referente por otro. Es poner dos términos relacionados entre sí por ejemplo la antorcha ilumino la habitación, damos por hecho que fue la luz de la antorcha. Así en materia jurídica podemos expresar una cosa con otras palabras, pero dándole el

---

311 Cisneros Farías Germán. Lógica Interna del Derecho. Editorial Porrúa. México 2017, p. 57.

312 https://www.rae.es/diccionario-lengua-espanola-rae-buscadores/google. Consulta 16/07/2024.

313 https://quillbot.com/es/blog/figuras-literarias/metonimia/. Consulta 18/07/2024.

mismo sentido o significado, ejemplo se robaron un Rembrand, por no decir se robaron una pintura del pintor Rembrand o que pinto Rembrand, en el idioma cotidiano, decimos me das un vaso de agua, en lugar de decir me das un vaso con agua, así, en el lenguaje jurídico en los hechos frecuentemente utilizamos distintas palabras para significar lo mismo, tratando de explicar o que quede claro lo que pretendemos comunicar.

Esto es, la metonimia es designar una cosa o idea con el nombre de otra, con la cual existe una relación de dependencia significativa o causalidad, formando parte de la retórica o del discurso jurídico.

Es un recurso literario, pero empleado en el lenguaje coloquial del día a día y también frecuentemente utilizado en el lenguaje jurídico, en el que utilizamos otras palabras u oraciones que significan lo mismo o que le damos el mismo significado.

Es sustituir una palabra por otra, sin que el significado se vea afectado, también se le conoce como trasnominación, cambiar el nombre por otro, que puede parecer una equivocación. (diferente a un sinónimo que se refiere a una sola palabra, en la metonimia es una oración completa o la expresión de una idea con diversas palabras en conjunto).

Cuando nos referimos a que acompañamos los documentos, podemos pensar que se entiende que son pruebas sin mencionar que son pruebas y damos por hecho que se entiende que son pruebas o viceversa, podemos referirnos a pruebas sin mencionar que son documentos, pero damos por hecho que así se entenderá, sobre todo al interponer una demanda, puesto que es requisito acompañar los documentos fundatorios de la acción.

En materia jurídica el discurso tiene rasgos especiales, pues tratamos de decir lo mismo con otras palabras de manera que quede lo más claro posible el alegato presentado o la sentencia dictada, lo que nos lleva a la metonimia, dándole a una cosa o hecho distintos significados, lo que lleva en ocasiones a la antinomia.

Siendo entonces la metonimia una metáfora conceptual que es aplicable y utilizable en el ámbito jurídico, así en las sentencias, es necesario justificar y razonar adecuadamente el sentido de las resoluciones, para que aquella quede clara, en el que intervienen no solo la fundamentación sino también la lógica, cuyos conceptos utilizados deben de estar lo más claro posibles, esto es, entendibles en su significado.

En el derecho, por lo general, los códigos definen el término, el concepto o la institución jurídica sujeta a regulación. La más de las veces, para comprenderlos, nos referimos al término concepto o institución, y se requiere qué ellos se encuentren bien definidos[314].

En el derecho frecuentemente se utilizan termino técnicos solo entendibles para abogados, que no se utilizan en el lenguaje ordinario, su uso es utilizado por especialistas en la materia, por lo que tenemos que expresarnos en términos coloquiales para darnos a entender por ejemplo cuando interrogamos a un testigo, no debemos utilizar en el interrogatorio palabras técnicas, pues el resultado será adverso.

El argumento del lenguaje común apela al significado ordinario de las palabras. Debe observarse sin embargo que el significado ordinario raramente es preciso. Toda expresión de uso común tiene un significado vago[315]. Pero somos nosotros quienes le damos el significado a la oración. Así escuchamos expresiones como: "peco de inocente", refiriéndose a que abusaron de la buena fe de una persona o "te chamaquearon", o "te vieron los pañales" refiriéndose a que vieron a una persona inexperta. Esto es, tratamos de expresarlo en un argumento similar al mismo supuesto de hecho.

En mi practica de abogado postulante he escuchado pedir un expediente diciendo "es una juris vol", para referirse a una jurisdicción voluntaria, o "es una merca", para referirse a un asunto mercantil.

---

314 Cisneros Farías Germán. Lógica Interna del Derecho. Editorial Porrúa. México 2017, p. 7.

315 Guastini Ricardo. Estudios sobre la interpretación jurídica. Editorial Porrúa. México 2002, p. 27.

Cuando en el derecho utilizamos conceptos abstractos[316] es necesario el uso de la metonimia, para poder explicarlo y entenderlo, es así que por ejemplo en materia de contratos mercantiles se utilizan diversos conceptos que no son fácilmente entendibles para quienes no son abogados, ejemplo "se reputa" actos de comercio..., por lo que resulta necesario utilizar la metonimia para poder explicar su concepto, lo mismo sucede en términos jurídico procesales, es así que el Código de Comercio señala "el juicio mercantil ejecutivo o el juicio mercantil ordinario, el procedimiento ejecutivo, el Código procesal de cada Estado, señala el juicio sumario, sin embargo, cuando presentamos la demanda mencionamos en nuestro escrito en la vía...., pudiendo ser cambiada dicha palabra por la forma, en juicio etc.

Podemos también utilizar la metonimia para la enseñanza del derecho, empleándola para explicar al alumno un concepto vago del derecho, o poco entendible que en la mayoría de los casos da buen resultado.

En materia mercantil, existen diversas metonimias en el Código de Comercio ejemplo:

> **Artículo 1068.-** Las notificaciones, citaciones y entrega de expedientes se verificarán a más tardar el día siguiente *(damos por hecho que es o se refiere a día hábil, sin que lo mencione el artículo, pues existe una disposición diversa que así lo señala)* a aquel en que se dicten las resoluciones que ordenen su práctica. Si se tratare de notificaciones personales, estas deberán realizarse dentro de los tres días siguientes a aquel en que el notificador reciba el expediente. Sin perjuicio de lo anterior, por causa justificada, el juez, bajo su responsabilidad, podrá ampliar los plazos previstos en este párrafo.

---

316 Abstraer es aislar y destacar una propiedad respecto de otras. La abstracción permite, entonces, concentrar el estudio en una propiedad concreta, sin ocuparse de las otras. Así la abstracción está referida al contenido mismo del concepto.

Artículo 1076.- En ningún término se contarán los días en que no puedan tener lugar actuaciones judiciales, salvo los casos de excepción que se señalen por la ley.

Artículo 1068 Bis.- El emplazamiento se entenderá con el interesado, su representante, mandatario o procurador, entregando cédula *(entendiéndose por cédula a un acta circunstanciada levantada)* en la que se hará constar la fecha y la hora en que se entregue; la clase de procedimiento, el nombre y apellidos de las partes, en su caso la denominación o razón social, el juez o tribunal que manda practicar la diligencia; transcripción de la determinación que se manda notificar y el nombre y apellidos de la persona a quien se entrega, levantándose acta de la diligencia, a la que se agregará copia de la cédula entregada en la que se procurará recabar la firma de aquel con quien se hubiera entendido la actuación.

Artículo 1168.- En los juicios mercantiles únicamente podrán dictarse las medidas cautelares o providencias precautorias, previstas en este Código, y que son las siguientes:

I. Radicación de persona, *(lo entendemos como arraigo, pero de igual manera se entiende como la admisión de un juicio o la aceptación o inicio de su trámite)* cuando hubiere temor fundado de que se ausente u oculte la persona contra quien deba promoverse o se haya promovido una demanda. Dicha medida únicamente tendrá los efectos previstos en el artículo 1173 de éste Código;

Artículo 1377.- Todas las contiendas entre partes que no tengan señalada tramitación especial en las leyes mercantiles, se ventilarán en juicio ordinario, *(se sobre entiende que es la vía por la que se va a demandar)* siempre que sean susceptibles de apelación.

Artículo 1391. El procedimiento ejecutivo (debemos de entender que es la vía por la que se va a demandar) tiene lugar cuando la demanda se funda en documento que traiga aparejada ejecución.

Ante estas metonimias señaladas es lógico que debemos esperar que el juzgador interprete en la lectura de la demanda lo que el accionante pretende decir y/o dar a entender, pues como decían los romanos, dame los hechos y te daré el derecho, a efecto de privilegiar el derecho de acción y no negar el acceso a la justicia.

Es necesario también señalar, que el uso de la metonimia en el lenguaje jurídico puede restar fuerza a la exposición de hechos o al argumento expresado, pues estará en entredicho si la narración es clara o no.

En pocas palabras la metonimia es una manera de comunicar o expresar hechos con un lenguaje distinto, en ocasiones para tratar de explicar un acto o hecho expuesto en una demanda o contestación, pero en otras provocando confusión. El problema es cuando se le pretende dar un significado distinto al real de la norma a aplicar, pretendiendo confundir al juzgador.

Si bien la idea en el litigio es utilizar un discurso persuasivo, esta persuasión puede ser o darse con un lenguaje distinto al técnico jurídico.

Debe destacarse la importancia que tiene hoy en el derecho el estudio del lenguaje[317] y por tanto la comunicación, puesto que es básica en la aplicación del derecho, la cual debe de ser lo suficientemente clara, de lo contrario produce confusión y genera antinomias, al ubicar normas que permiten hacer algo, interpretándolas de esa manera, pero que a la vez lo prohíben interpretándolas de manera contraria.

---

317 Dehesa Dávila Gerardo. Introducción a la retorica y la argumentación 2ª edición. Editorial Suprema Corte de Justicia de la Nación, p. 10.

Bibliografía

A

Acosta Romero Miguel. Enciclopedia Jurídica Latinoamericana. Instituto De Investigaciones Jurídicas Unam. Editorial Porrúa Tomo III México 2006.

Agüero-San Juan Sebastián. Las antinomias y sus condiciones de surgimiento. Una propuesta para los enunciados normativos. En Revista de Derecho (Valdivia). Universidad Austral de Chile, vol. XXVIII N° 2 dic. 2015.

Aguiló Regla Josep. Teoría General de las Fuentes del Derecho. Editorial Ariel. España 2000.

Alsina Hugo. Tratado teorico práctico de derecho procesal civil y comercial. Editorial Ediar 2ª. Edición. Buenos Aires Argentina 1956.

Alexy Robert. El concepto y la validez del derecho. Editorial Gedisa. Barcelona España 2004.

- Alexy Robert, Teoría de los Derechos Fundamentales. Editorial Centro de Estudios Constitucionales. Madrid1993.
- Alexy Robert. El concepto y la validez del derecho. Editorial Gedisa. Barcelona España 2004.
- Alexy Robert. Derecho y razón práctica. Editorial Fontamara. México 2021.

Autor que prefirió el Anónimo.

Arroyo Ramírez Miguel. Enciclopedia Jurídica latinoamericana. Instituto de Investigaciones Jurídicas Unam. Editorial Porrúa. T. II México 2006.

Atienza Manuel y Ruiz Manero Juan. Las Piezas del Derecho. Editorial Ariel. Barcelona. 1996.

Azula Camacho Jaime. Manual de Derecho Procesal T. I. Editorial Temis Undécima Edición. Bogotá Colombia 2019.

B

Beltrán Emilio. Los Títulos Cambiarios. En Derecho Cambiario. Coordinador Campuzano Ana B. Editorial Tirant Lo Blanch. Valencia España 2013.

Buenaga Ceballos Óscar. Metodología del razonamiento jurídico-práctico. Elementos para una tería objetiva de la argumentación jurídica. Editorial Dykinson. Madrid España 2016.

Bobbio Norberto. Studi per una teoría general del derecho, Italia, Editorial Giappichelli. Italia 2020.

- Bobbio Norberto. El tiempo de los derechos. Editorial Sistema. Madrid 1991.

C

Cabra Apalategui José Manuel. Sobre supuestos conflictos de derechos en Argumentación Jurídica y conflictos de Derechos. Directores José Antonio García Amado y José Antonio Sedín Mateos. Editorial Tirant Lo Blanch Valencia España 2021.

Carbajal Juan Alberto. Teoría de la Constitución. Editorial Porrúa. México 2006.

Carli Carlos. Derecho Porcesal. Editorial Abeledo Perrot. Buenos Aires Argentina 1965.

Carnelutti Franceso. Metodología del derecho. Editorial Colofón. México 2008.

Carpizo Jorge. Estudios Constitucionales. Editorial Porrúa. 5ª. Edición. México 1996.

– Carpizo Jorge. La Interpretación Constitucional. Estudios Constitucionales. 3ª. Edición. Editorial Porrúa. México 1991.

Castrillón y Luna, Víctor M. Títulos De Crédito. Editorial Porrúa. México 2002.

Castaño Zuluaga Luis Ociel. La hermenéutica y el operador jurídico en el nuevo esquema constitucional. Pautas a considerar para el logro de una adecuada interpretación jurídica. Revista Opinión jurídica, vol. 8, núm. 15. Medellín Colombia 2015.

Casal H. Jesús M. Las Colisiones Constitucionales y su resolución. En la Ciencia del Derecho Procesal Constitucional. Eduardo Ferrer Mac-Gregor y Arturo Zaldívar Leo de Larrea (Coordinadores) T. VI. Instituto de Investigaciones Jurídicas Unam. Editorial Marcial Pons. México 2008.

Cervantes Ahumada, Raúl. Títulos Y Operaciones De Crédito, 6ª Edición Editorial Herrero. México 1988.

Cruz Parcero Juan Antonio. Enciclopedia Jurídica Latinoamericana. T. VII. Editorial Porrúa. México 2006.

– Cruz Parcero Juan Antonio. El lenguaje de los derechos. Editorial Trotta. México 2012.

Cisneros Farías. Lógica Interna del Derecho. Editorial Porrúa. México 2017.

D

Dehesa Davila Gerardo. Introducción a la retorica y la argumentación 2ª edición. Editorial Suprema Corte de Justicia de la Nación.

De Casso y Romero Ignacio. Cervera y Jiménez Alfaro Francisco. Diccionario Jurídico de Derecho Privado. Madrid 2006 Tomo 11.

De la Cueva Mario. Teoría de la Constitución, 1ª. Edición. Editorial Porrúa. México 1982.

De Vergottini Giuseppe. Derecho Constitucional Comparado. Editorial Unam. México 2004.

Del Rio Ferretti Carlos. Las condiciones normativas del juicio de hecho y el denominado principio de razón suficiente, a propósito del recurso de nulidad en el proceso penal chileno. Una crítica procesal. Revista Brasileña de Direito Processual Penal, vol. 8 núm. 2. Brasil 2022.

Diccionario De La Real Academia Española Tomo II. Madrid 1970.

Diccionario Jurídico Espasa. Editorial Espasa Calpe. Madrid España 1991.

Dworkin Ronald. El imperio de la justicia. Editorial Gedisa. Barcelona España 2012.

– Dworkin Ronald. Los derechos en serio. Editorial Ariel. Barcelona. 1984.

E

Enciclopedia Jurídica Latinoamericana. Instituto De Investigaciones Jurídicas Unam. Editorial Porrúa Tomo X. México 2006.

– Enciclopedia jurídica latinoamericana. Editorial Porrúa. México 2006 Tomo VIII.

– Enciclopedia Jurídica Latinoamericana. T. V. Editorial Porrúa. México, 2006.

– Enciclopedia Jurídica Latinoamericana. T. IV. Editorial Porrúa. México 2006.

Eto Cruz Gerardo. Un Artífice del Derecho Procesal Constitucional: Hans Kelsen. En Derecho Procesal Constitucional. Coordinador Eduardo Ferrer Mac-Gregor T. I. Editorial Porrúa México 2006.

Eztioni Amitai y Etzioni Eva. Los cambios sociales. Editorial Fondo de Cultura Económica. México 2003.

F

Falcon Enrique M. Manual De Derecho Procesal. Editorial Astrea. Buenos Aires Argentina 2005.

Fernández Cruz José Ángel. La interpretación conforme con la Constitución: Una aproximación conceptual. Revista Ius et Praxis. Universidad de Talca Chile, vol. 22, núm. 2, 2016.

Ferrer Mac-Gregor Eduardo. Aportaciones de Héctor Fix-Zamudio al Derecho Procesal Constitucional. En Derecho Procesal Constitucional. T. I. Editorial Porrúa. México 2006.

Fix-Zamudio Héctor. El Juez ante la norma constitucional. Revista de la Facultad de Derecho Unam. México 1965 tomo XV, núm. 57.

G

García Amado José Antonio. Los Derechos: sus clases y sus relaciones en Argumentación Jurídica y conflictos de Derechos. Directores José Antonio García Amado y José Antonio Sedín Mateos. Editorial Tirant Lo Blanch Valencia España 2021.

García Máynez Eduardo. Introducción a la Lógica Jurídica. Editorial Colofón. México 2017.

García Yzaguirre Víctor. Apuntes Conceptuales para la Identificación de conflictos normativos entre normas en Revista Problema Anuario de Filosofía y Teoría del Derecho, núm. 15, 2022, Enero-Diciembre.

Gilmore. *Tlle DeariJ Contrae!* Véase. por ejemplo. GILMORE. G. *The Deal1J* f~(*Contrae!* 71-72, 88 (1974).

González Romero Raul, et al. Algunas cuestiones sobre la decisión judicial en la teoría del derecho. Revista Via Iuris, núm. 14 enero-junio 2013. Fundación Universitaria Los Libertadores Bogotá Colombia.

Gozaíni Osvaldo Alfredo. Elementos de Derecho Procesal Civil. Editorial la Ley Buenos Aires Argentina 2002.

Guastini Ricardo. La sintaxis del derecho. Editorial Marcial Pons. Madrid España 2016.

– Guastini Ricardo. Estudio Sobre la Interpretación Jurídica. Editorial Porrúa, 4ª Edición. México 2002.

H

Habermas Jürgen. Factibilidad y Validez. Editorial Trotta. Madrid 2010, p. 269

Cisneros Farías Germán. Lógica Interna del Derecho. Editorial Porrúa. México 2017.

Hans Kelsen. Teoría Pura del Derecho. Editorial Porrúa. 12ª Edición. México 2002.

– Hans Kelsen. Teoría general del derecho y del Estado. Editorial Universidad Nacional Autónoma de México. México 1988.

Hernández Marín Rafael. Teoría General de las decisiones Judiciales. Editorial Marcial Pons. Madrid España 2021.

Henríquez Viñas Mriam Lorena. Los jueces y la resolución de antinomias desde la perspectiva de las fuentes de derecho constitucional chileno. En Revista Estudios Constitucionales. Centro de estudios constitucionales de Chile, vol. 11 núm. 1 2013. Santiago de Chile.

Heller Hermann. Teoría del Estado. Editorial Fondo de Cultura Económica. México 2000.

Hernández Marín Rafael. Teoría General de las decisiones Judiciales. Editorial Marcial Pons. Madrid España 2021.

Huerta Ochoa Carla. La acción de Inconstitucionalidad como control abstracto de conflictos normativos, en Boletin Mexicano de Derecho Comparado, vol XXXVI, núm 108, septiembre-diciembre, 2003, p. 928. Consulta 27/08/2023.

– Huerta Ochoa Carla. Conflictos normativos. Instituto de Investigaciones Jurídicas Unam. México 2007.

Hurtado González Javier. Discurso dado el 1 de julio de 2024 en el dialogo Nacional conformación y reorganización del Poder Judicial en el Centro Universitario de Ciencias Económico Administrativas de la Universidad de Guadalajara.

I

Iturralde Sesma, Victoria. Lenguaje legal y Sistema Jurídico, Cuestiones relativas a la aplicación de la ley. Editorial Tecnos. España 1989.

L

Labariega Villanueva Pedro Alfonso. (2002). Concepto Y Caracterización De Los Títulos Valor. Revista De Derecho Privado. Nueva Época. Año 1, Núm. 2 Mayo-Agosto 2002. Instituto De Investigaciones Jurídicas Unam México 2002.

Larenz Karl. Metodología de la ciencia del derecho. Editorial Ariel. Madrid España 2001.

Lorca navarrete Antonio María. El derecho procesal como sistema de garantías. Boletin mexicano de derecho comparado, vol. XXXVI, núm. 107, mayo-agosto 2003.

M

Mantilla Molina Roberto. Derecho Mercantil. Editorial Porrúa México 1982.

Manrique Juan Francisco. Camus y Kafka, Fundamentos de la filosofía de lo absurdo. Revista Perseitas. Universidad Católica Luis Amigó. Vol. 10 2022, Medellín Colombia.

Mayorga Madrigal Alberto Cuauhtémoc. Claves de la Argumentación apuntes de clase de Argumentación Jurídica. Doctorado en Derecho generación 2012-2016. Universidad de Guadalajara.

Monroy Gálvez Juan. Teoría General del Proceso. 4ª. Edición. Editorial Communitas. Lima Perú 2017.

N

Nozick Robert. The nature of rationality. Princenton, New Jersey 1993.

Navarro Pablo E. Sistemas normativos y lagunas en el derecho. Editorial Marcial Pons, Madrid 2022.

P

Prado Maillard José Luis. Hacia un nuevo constitucionalismo. Editorial Porrúa. México 2006.

Peñaranda Quintero, Héctor Ramon. Principio de equidad procesal, en Revista Nómadas, vol. 21, núm. 1 Euro- Mediterranean University Institute. Roma Italia 2009.

Pérez Cázares Martin Eduardo. El Nuevo Derecho Procesal Mercantil. Editorial Tirant Lo Blanch. México 2018.

– Pérez Cázares Martin Eduardo. El Estado Procesal del Derecho. Editorial Tirant Lo Blanch. México 2020.

Pettit Eugene. Derecho Romano. Editorial Porrúa. México 1982.

Podetti J. Ramiro. Tratado De Las Ejecuciones. Editorial Ediar. Buenos Aires Argentina 1997.

Poggi Francesca et. al. Haz lo correcto y la pretensión de Robert Alexy. Revista Derecho del Estado Nueva Serie. Universidad Externado de Colombia, núm. 53 2023.

Prieto Sanchís Luis. Constitucionalismo y Positivismo. Editorial Trotta. Madrid España 1997.

– Prieto Sanchís Luis. Apuntes de Teoría del derecho. Editorial Trotta. 6ª. Edición. Madrid España 2011.

R

Ramírez Gutiérrez José Othón. Enciclopedia Jurídica Latinoamericana. Instituto De Investigaciones Jurídicas Unam. Editorial Porrúa Tomo X México 2006.

Ramírez Ludeña Lorena. Verdad y corrección en la interpretación jurídica. Revista de Derecho (Valdivia) Universidad Austral de Chile, vol. XXVIII, núm. 1. Valdivia Chile 2015.

Randy E. Barnett. La Teoría Consensual Del Contrato. Buenos Aires, Revista Lecciones Y Ensayos. Facultad De Derecho Universidad De Buenos Aires Nº 82 Buenos Aires Argentina 2006.

Rascado Pérez Javier. La interpretación de los derechos humanos en el Estado Constitucional y Derechos Fundamentales, Javier Mijangos y González y Ricardo Ugalde Ramírez (Coordinadores). Editorial Porrúa. México 2010.

Recasens Siches Luis. Sociología. Editorial l Porrúa. México 1982.

Rodríguez Rodríguez Joaquín. Tomo I. Derecho Mercantil. Editorial Porrúa. México 1992.

Rodriguez Jorge Luis. Teoría analítica del derecho. Editorial Marcial Pons. Madrid España 2021.

S

Santiago Juárez Mario. ¿Colisión de derchos fundamentales o enfrentamiento de aspiraciones? El Estado Constitucional y derechos fundamentales. Coordinadores Javier Mijangos González y Ricardo Ugalde Ramírez. Editorial Porrúa. México 2010.

Sanchís Prieto Luis. La teoría del derecho de Principia Juris, En Para Leer a Luigi Ferrajoli. Coord. Miguel Carbonell. Editorial Tirant lo Blanch. México 2017.

Schmitt Carl. Posiciones ante el derecho. Editorial Tecnos. Madrid España 2012.

Suprema Corte de Justicia de la Nación. Registro digital: 2014332 Instancia: Primera Sala. Décima Época Materias(s): Constitucional Tesis: 1a./J. 37/2017 (10a.) Fuente: Gaceta del Semanario Judicial de la Federación. Libro 42, mayo de 2017, Tomo I, página 239 Tipo: Jurisprudencia.

T

Tamayo Y Salmoran Rolando en Enciclopedia Jurídica latinoamericana. T. III. Editorial Porrúa. México 2006.

- Tamayo y Salmorán Rolando. Interpretación Constitucional, La falacia de la interpretación cualitativa, en Vázquez Rodolfo (Compilador). Interpretación Jurídica y decisión judicial. Editorial Fontamara. México 2006.
- Tamayo y Salmorán Rolando. Razonamiento y argumentación jurídica. El paradigma de la racionalidad y la ciencia del derecho, México, Editorial Universidad Nacional Autónoma de México. México 2003.
- Tamayo y Salmorán Rolando. Nuevo Diccionario Jurídico mexicano. Editorial Porrúa. México 2001.

Tena Ramírez Felipe. Derecho constitucional mexicano. Editorial Porrúa. México 1983.

Toledo González Vicente. Enciclopedia Jurídica Latinoamericana. Instituto De Investigaciones Jurídicas Unam. Editorial Porrúa Tomo X. México 2006.

Toubes Muniz Joaquin Rodirguez. La Excepción de lo Absurdo en la interpretación de la ley. En Argumentación Jurídica y conflictos de Derechos. Directores José

Valadés Diego. Senderos Constitucionales. En Boletín mexicano de Derecho Comparado vol. LI, núm. 151, 2018. Instituto de Investigaciones Jurídicas Unam.

V

Valadés Diego. Senderos Constitucionales. Boletín Mexicano de derecho comparado, vol. LI, núm. 151. Instituto de Investigaciones Jurídicas Unam. México 2018.

Valencia Grajales José Fernando y Marín Galeano Mayda Soraya. Investigación teórica, dogmática, hermenéutica doctrinal y empírica de las ciencias jurídicas. Revista Ratio Juris, vol. 13, núm. 27. Universidad Latinoamericana. Medellín Colombia, julio-diciembre 2018.

Vigo Rodolfo L. Interpretación Argumentación Jurídica en el Estado de Derecho Constitucional. Editorial Tirant Lo Blanch. México 2017.

Vivante, Cesar. Tratado De Derecho Mercantil, Volumen III, Mercancías Y Títulos De Crédito, Traducción Miguel Cabeza Y Andino 1ª Edición Editorial Reus S.A. Madrid España 1936.

Páginas electrónicas

A

Aníbal Quiroga León, La Interpretación Constitucional, file:///C:/Users/Lab02pc/Downloads/Dialnet-LaInterpretacionConstitucional-5084957.pdf. Consulta 12/02/2024.

B

Briceño Sierra Humberto.www.juridicas.unam.mx/publica/librev/rev/facdermx/cont/81/dtr/dtr3.pdf consultada 19/09/2015

C

Carla Huerta Ochoa, Los conflictos normativos, en https://archivos.juridicas.unam.mx/www/bjv/libros/2/949/4.pdf. Consulta 28/08/2023.

Cisneros Farías German, Cuestiones Constitucionales, en: https://revistas.juridicas.unam.mx/index.php/cuestionesconstitucionales/article/view/5662/7403#:~:text=De%20acuerdo%20con%20el%20criterio,legal%20para%20un%20caso%20espec%C3%AD, enero,2003,08. Consulta 20/06/2024.

D

David Martínez Zorrilla, Conflictos Constitucionales, ponderación e intermediación normativa, https://dialnet.unirioja.es/servlet/tesis?codigo=141548. Consulta 3/09/2024.

Diccionario de la lengua española tomado de razonamiento | Definición | Diccionario de la lengua española | RAE - ASALE Consultada 04/03/2024

E

El lenguaje jurídico, en: https://archivos.juridicas.unam.mx/www/bjv/libros/6/2926/5.pdf. Consulta 3/09/2024.

F

Federico de Fazio, Sistemas normativos y conflictos constitucionales ¿es posible aplicar los derechos fundamentales sin ponderar?, http://www.scielo.org.mx/scielo.php?script=sci_arttext&pid=S1405-02182014000100009. Consultada 2/04/2024.

Francisco José Diaz Ausin, Conflictos normativos y análisis lógico del derecho, file:///C:/Users/Lab02pc/Downloads/DialnetConflictosNormativosYAnalisisLogicoDelDerecho-142274.pdf. Consulta 27/08/2023.

Fernández Procel Karla. La importancia de la lógica en el proceso. Revista de la Facultada de Jurisprudencia. Pontificia Universidad Católica de Ecuador, núm. 5 junio 2019, p. 6. Tomado de https://www.redalyc.org/articulo.oa?id=600263495007. Consulta 9/06/2024.

G

García Maynez Eduardo. El Principio Jurídico de Razón suficiente. Visto en www.biblio.juridicas.unam.mx., p. 22 Consulta 11/06/2019.

Guastani Ricardo. Interpretación y Construcción Jurídica, en http://www.scielo.org.mx/pdf/is/n43/n43a2.pdf, Octubre, 2015. Consulta 29/08/2023.

– Guastini Ricardo. Los Principios de Derecho y Discrecionalidad Judicial. En file:///Users/martineduardoperezcazares/Downloads/Dialnet-PrincipiosDeDerechoYDiscrecionalidadJudicial-174776.pdf p, 42. Consulta 27/06/2019.

García Murillo José Guillermo. Las antinomias en el derecho, el porqué de su origen y el cómo de sus posibles soluciones. En https://cuci.udg.mx/sites/default/files/garcia_murillo.pdf. Consulta 9/09/2023.

H

Huerta Ochoa Carla. Los Conflictos normativos, p. 51 En https://archivos.juridicas.unam.mx/www/bjv/libros/2/949/4.pdf. Consulta 27/08/2023.

– Huerta Ochoa Carla. Interpretación y argumentación en el derecho en Revista Problema. Anuario de Filosofía del derecho, núm. 11, enero-diciembre 2017, p. 381, recuperado de 2007-4387-paftd-11-379.pdf (scielo.org.mx). Consulta 3/06/2024

L

Lastra Lastra José Manuel. Derecho a la lengua y lenguaje jurídico. En https://archivos.juridicas.unam.mx/www/bjv/libros/2/740/5.pdf, p. 8. Consulta 11/05/2024.

– Lastra Lastra José Manuel. Derecho a la lengua y lenguaje jurídico. En https://archivos.juridicas.unam.mx/www/bjv/libros/2/740/5.pdf, p. 1. Consulta 11/05/2024.

Lastra Lastra José Manuel. Derecho a la lengua y lenguaje jurídico. En https://archivos.juridicas.unam.mx/www/bjv/libros/2/740/5.pdf, p. 11. Consulta 11/05/2024.

Lastra Lastra José Manuel. Derecho a la lengua y lenguaje jurídico. En https://archivos.juridicas.unam.mx/www/bjv/libros/2/740/5.pdf, p. 3. Consulta 11/05/2024.

Lastra Lastra José Manuel. Derecho a la lengua y lenguaje jurídico. En https://archivos.juridicas.unam.mx/www/bjv/libros/2/740/5.pdf, p. 4. Consulta 11/05/2024.

López Bello Héctor. Instituto de la Judicatura Federal, tomado de Hermenéutica e interpretación jurídica (Presentación) | InfoLibros.org Consultada el 05/03/2024

M

Martínez Zorrilla David. Conflictos normativos. Instituto de Investigación Jurídicas, p. 1309 en https://archivos.juridicas.unam.mx/www/bjv/libros/8/3796/16.pdf. Consulta 3/06/2019.

– Martínez Zorrilla David. Conflictos normativos. Instituto de Investigación Jurídicas, p. 1310, visto en https://archivos.juridicas.unam.mx/www/bjv/libros/8/3796/16.pdf. Consulta 12/06/2019.

– Martínez Zorrilla David. Conflictos normativos. Instituto de Investigación Jurídicas, p. 1315, visto en https://archivos.juridicas.unam.mx/www/bjv/libros/8/3796/16.pdf. Consulta 12/06/2019.

Mariano Palacios Alcocer, J. Francisco Castellanos Madrazo, Algunos Apuntes Sobre la Interpretación Constitucional, en: https://archivos.juridicas.unam.mx/www/bjv/libros/5/2389/24.pdf. Consulta 29/08/2023.

Manuel Rodríguez Puerto, La interpretación de las normas jurídicas como problema constitucional. Una reflexión desde el caso español, https://www.redalyc.org/journal/720/72060329001/html/, 20, junio-2018. Consulta 12/02/2024.

Mosqueda Ochoa Leticia Adela, Martín Moreno Reynaga, Elizabeth Leticia Souza Mosqueda, El juicio de ponderación jurídica al seno de la administración de justicia en México, https://www.redalyc.org/jatsRepo/5138/513855742029/html/index.html, Consulta 08/06/2018.

P

Pérez Carlos. Derecho y literatura. Revista Isonomía N° 24, abril de 2006, p. 142. Tomado de https://www.scielo.org.mx/pdf/is/n24/n24a8.pdf. Consulta 7/06/2024.

Pérez Carlos. Derecho y literatura. Revista Isonomía N° 24, abril de 2006, p. 142. Tomado de https://www.scielo.org.mx/pdf/is/n24/n24a8.pdf. Consulta 7/06/2024. https://www.significados.com/metonimia/. Consulta 18/07/2024.

S

Sebastián Agüero-San Juan. Las antinomias y sus condiciones de surgimiento. Una propuesta para los enunciados normativos en: https://scielo.conicyt.cl/scielo.php?script=sci_arttext&pid=S0718-09502015000200002, diciembre 2015. Consulta 28/08/2023.

Sánchez Vázquez Rafael. Algunas consideraciones sobre el método exegético jurídico en https://archivos.juridicas.unam.mx/www/bjv/libros/5/2102/13.pdf, p. 277. Consulta 10/'7/2024.

Sánchez Gil Rubén. Nuevos apuntes sobre el principio de proporcionalidad. Revista del Centro de estudios constitucionales, p. 146. En https://www.sitios.scjn.gob.mx/cec/sites/default/files/publication/documents/2020-06/09_S%C3%81NCHEZ_REVISTA%20CEC_01.pdf. Consulta 27/o8/2024

T

Turcott Cárdenas Augusto. Revista De La Facultad De Derecho Unam. N° 239 año 2013 En www.Juridicas.Unam.Mx. Consulta 10/10/2023.

Turcott Cárdenas Augusto. Revista de la Facultad de Derecho Unam. N° 239. México 2013, p. 220 en www.juridicas.unam.mx. Consulta 4/07/2024.

V

Villar Godínez Sujey Azucena. Las antinomias y el principio pro-persona: la interpretación de la ley por el legislador. En https://www.diputados.gob.mx/sedia/sia/redipal/TEMA2/T2_CRV-IX-01-16.pdf. Consulta 9/09/2023.

Villar Godínez Sujey Azucena. Las antinomias y el principio pro-persona: la interpretación de la ley por el legislador. En https://www.diputados.gob.mx/sedia/sia/redipal/TEMA2/T2_CRV-IX-01-16.pdf. Consulta 9/09/2023.

Villar Godínez Sujey Azucena. Las antinomias y el principio pro-persona: la interpretación de la ley por el legislador. En https://www.diputados.gob.mx/sedia/sia/redipal/TEMA2/T2_CRV-IX-01-16.pdf. Consulta 10/09/2023.

Velazquez Francisco Hugo José. Exclareciendo el concepto de Lógica deóntica. Revoista Andamios, versión on line. Tomada de: https://www.scielo.org.mx/scielo.php?script=sci_arttext&pid=S1870-00632021000100457. Consulta 3/07/2024.

https://www.rae.es/diccionario-lengua-espanola-rae-buscadores/google. Consulta 16/07/2024.

https://quillbot.com/es/blog/figuras-literarias/metonimia/. Consulta 18/07/2024.

https://archivos.juridicas.unam.mx/www/bjv/libros/7/3117/10.pdf

www.juridicas.unam.mx/publica/librev/rev/facdermx/cont/239/art/art11.pdf consultada 17/07/2022

https://sjf2.scjn.gob.mx/busqueda-principal-tesis Consultada 23/07/2022.

https://sjf2.scjn.gob.mx/detalle/tesis/193208

https://sjf.scjn.gob.mx/SJFSist/Documentos/Tesis/165/165344.pdf Consulta 3/06/2019.

https://www.significados.com/antinomia/ Consulta 3/06/2019.

https://www.significados.com/antinomia/ Consulta 3/06/2019.

www.juridicas.unam.mx/publica/librev/rev/facdermx/cont/246/art/art16.pdfConsultada 19/09/2015

https://archivos.juridicas.unam.mx/www/bjv/libros/7/3117/10.pdf. Consulta 3/07/2024

https://sjf2.scjn.gob.mx/busqueda-principal-tesis. Consulta 4/07/2024.

https://sjf2.scjn.gob.mx/detalle/tesis/193208. Consulta 4/07/2024.

https://definicion.de/designacion/ Consulta 8/04/2023.

http://www.enciclopedia-juridica.com/d/nombramiento/nombramiento.htm. Consulta 8/04/2023.

http://diccionariojuridico.mx/definicion/poder-de-nombramiento/. Consulta 8/04/2023.

https://sjf2.scjn.gob.mx/detalle/tesis/2029114. Consulta 28/07/2024.

https://sjf2.scjn.gob.mx/detalle/tesis/372026. Consulta 25/07/2024.

https://dle.rae.es/metonimia. Consulta 18/07/2024